国家社会科学基金课题研究成果(项目批准号:13AZD072)

新产业革命背景下
我国产业转型升级研究

李广瑜 史占中 著

上海交通大学出版社
SHANGHAI JIAO TONG UNIVERSITY PRESS

内容提要

随着新产业革命蓬勃兴起,传统优势正日益消退,单纯依靠资源开发、土地扩张、增加投资和扩大规模带动经济发展的传统模式已不可为继。明确政府与市场在产业发展过程中的功能定位是我国产业转型升级能否成功的关键,加快推进我国产业转型升级的体制机制创新,为新兴产业发展提供良好的体制支撑,实现新旧动能过渡衔接,对于我国经济持续平稳健康发展、构建优质高效的新型产业体系、实现质量效率型集约增长,具有重要的决定性作用。

本书适合相关专业研究人员及政府部门工作人员阅读。

图书在版编目(CIP)数据

新产业革命背景下我国产业转型升级研究/李广瑜,
史占中著. —上海:上海交通大学出版社,2023.9
ISBN 978 - 7 - 313 - 29346 - 6

Ⅰ.①新… Ⅱ.①李…②史… Ⅲ.①产业结构升级
—研究—中国 Ⅳ.①F269.24

中国国家版本馆 CIP 数据核字(2023)第 167294 号

新产业革命背景下我国产业转型升级研究
XINCHANYE GEMING BEIJING XIA WOGUO CHANYE ZHUANXING SHENGJI YANJIU

著　　者:李广瑜　史占中
出版发行:上海交通大学出版社　　　　　地　　址:上海市番禺路 951 号
邮政编码:200030　　　　　　　　　　　电　　话:021 - 64071208
印　　制:苏州市古得堡数码印刷有限公司　经　　销:全国新华书店
开　　本:710mm×1000mm　1/16　　　　印　　张:11.5
字　　数:178 千字
版　　次:2023 年 9 月第 1 版　　　　　　印　　次:2023 年 9 月第 1 次印刷
书　　号:ISBN 978 - 7 - 313 - 29346 - 6
定　　价:78.00 元

前　言

　　长期以来,我国一直致力于推进传统产业的转型升级,虽取得了一定的成效,但现阶段仍存在产业结构不合理、产品附加值偏低、企业技术创新不足等瓶颈问题。究其深层次原因,不难发现主要还是我国产业发展中的体制机制弊端使然。因此,深入研究分析我国产业转型升级的体制机制障碍,进一步推动相关体制机制的创新,对于我国未来产业结构转型升级和经济可持续发展具有极其深远的现实意义。

　　新结构经济学关于产业转型升级的解释是:"有效市场"能够形成反映要素稀缺程度的价格体系,进而引导企业按此价格体系选择产业与技术,从而使企业构筑比较优势;同时,"有为政府"需要着力关注产业发展过程中市场失灵的领域,解决包括外部性、公共基础设施建设等问题。因此,产业持续发展需要"有效市场"与"有为政府"的协调配合。可以看出,合理协调好政府与市场的关系为我国经济体制改革的核心问题,也是我国产业转型升级能否成功的关键所在。本书立足于新结构经济学理论基础,具体从政府、市场、企业三个维度分析影响产业转型升级的体制机制,并进行实证检验,从而找出制约我国产业转型升级的体制机制障碍,结合新产业革命的趋势与影响,探讨我国产业转型升级的体制机制创新对策。主要形成以下结论:

　　第一,政府过度干预制约产业转型升级。在政府主导资源配置的体制背景下,政府的过度干预使得市场配置资源的机制失效,造成要素价格扭曲等问题,进而制约了产业转型升级。实证结果表明,我国资本、劳动力、土地三种要素价格均存在明显的扭曲现象,尤其是资本要素价格的扭曲程度最为严重,土地要素价格的扭曲程度在金融危机之后呈现急剧上升的趋势。资本、劳动力、土地三种要素价格的扭曲均不利于产业结构调整与全要素生产率的提升,且资本要素价格扭曲的副作用相对最大。这说明当资本价格相对劳动力价格负向扭曲程度过大时,产业部门更多地投入资本要素,从而造成劳动密集型产业的衰退进程减慢,导致产业结构调整过程放缓。此外,政府补贴支出对产业结构调整、全要素生产率均为负向作用,说明政府补贴对推进产业转型升级并没有取得理想的成效。

第二,市场主体地位缺失制约产业转型升级。在政府主导经济的体制下,市场机制难以有效发挥,主要表现为市场供给与需求两个方面。政府过度干预导致市场资源配置机制的失效,实质上也是市场供给侧主体地位缺失后,对产业发展带来的影响。从市场需求侧主体地位缺失看,政府过度干预使得市场需求促进产业发展的机制失效,从而导致投资需求过度、重复建设等问题,造成产业发展方式粗放,产业结构调整停滞不前。实证结果表明,投资需求对产业结构的优化升级为负向作用,且不利于全要素生产率的提高。此外,市场需求有利于产业结构调整,可以有效提高全要素生产率。

第三,企业自生能力不足制约产业转型升级。政府的过度干预使得市场机制失效,进而扭曲微观主体的生产、经营、创新等决策。国有企业是我国体制安排的微观表征,最能体现政府过度干预对企业的影响。本书借鉴已有研究,采用企业技术创新衡量企业转型升级,实证对比分析了政府过度干预对国有企业及非国有企业技术创新的影响。结果表明:一方面,政府补贴虽向国有企业倾斜,但是与非国有企业相比,政府补贴对国有企业技术创新并无显著的促进作用,并且也没有通过提升国有企业的自生能力,进一步促进企业的技术创新。这说明国有企业长期依赖于体制内环境,受政府补贴、预算软约束等政策的过度保护,回避了激烈的市场竞争,其自生能力相对不足,从而内无动力、外无压力进行创新;另一方面,相对于国有企业,要素价格扭曲对于非国有企业的技术创新具有显著的影响作用。资本要素价格扭曲使企业过量使用资本要素,倾向用于收益高、周期短的投机活动,抑制了企业的技术创新,并通过降低企业自生能力进一步增强了抑制作用。劳动力要素与土地要素价格的扭曲使企业专注于低端环节的改良和创新,并通过降低企业自生能力进一步削弱企业的技术创新。

第四,理论与实证分析的结果表明,政府的"越位"与"缺位"都制约了我国产业的转型升级和持续发展。特别是在新产业革命背景下,产业扁平化、需求多样化、决策分散化等趋势,对我国政府集中决策、过度追求增长速度、热衷于规模扩张的发展模式将是重大挑战,使我国政府难以准确并快速适应瞬息多变的市场需求。那么,推进我国产业转型升级的体制机制创新,实质上是明确界定政府与市场在产业发展过程中的功能定位,并且要重视政府与市场都失灵的真空地带,重视引入产业社区机制拾遗补阙的作用。在分清边界、健全完善各自功能机制的基础上形成市场、政府、社区之间的有效互补与联动机制。浙江省平湖市作为省级产业结构调整体制机制的试点,在充分尊重市场机制主导作用的基础上,发挥好"有为政府"的作用,充分利用正向激励机制和反向倒逼机制,推进存量调整及增量优化,本书中提到的"浙江平湖模式"也具有积极的借鉴意义。

目　录

绪　论

0.1　研究背景及意义

1）研究背景

新中国成立伊始,面对复杂的国际环境,我国政府制定了"赶超战略"以优先发展重工业。为缓解资本、技术等要素匮乏的困境,我国政府在经济领域保持强势姿态以调动资源持续投入。由于我国政府长期处于资源配置的主导地位,不可避免地成为经济投资的主体,进而逐步形成政府主导的经济体制。这种体制具有极为强大的资源调动和整合能力,使我国经济高速增长,产业快速发展,但是随着我国经济体量的扩增,该体制所带来的各种弊端也日益显现。例如,政府通过扭曲要素价格刺激经济发展的方式,使产业结构调整所依赖的市场调节机制完全丧失作用,诱使企业过量地使用廉价要素从事生产,逐渐形成了粗放式的发展路径,造成了产品附加值低、产业结构失衡等一系列问题。

我国政府已意识到这些问题,一直致力于通过经济体制的渐进式改革试图突围。遗憾的是,即使改革的决心日益坚定,也不可避免地受计划经济体制的影响。特别是近年来,在以 GDP 为考核重心的政府官员晋升体制下,加上土地与环境的模糊产权和金融系统的预算软约束,地方政府具有干预企业投资行为的强烈动机,扰乱了企业进入、投资、退出市场的机制,造成了投资过度、重复建设、产能过剩等问题,甚至新兴产业的发展也出现了类似传统产业的问题。特别是地方政府为维持企业生存给予其过度的政策保护,使得产业内产生了大量的"僵尸"企业,这严重制约了我国产业的可持续发展。此外,在解决市场失灵领域及提供基础设施服务等方面,政府没有充分发挥其应有的作用。简而言之,政府的"越位"与"缺位"都会制约产业的持续发展。因此,明确政府与市场在产业发展过程中的功能地位是我国产业转型升级能否成功的关键。

特别是在当前新产业革命背景下,未来的产业组织趋于扁平化与网络化,市场需求将更加个性化与多样化,企业的边界呈现模糊化与全面合作化。因此,这种产业扁平化、主体多样化、决策分散化的趋势,对我国政府集中决策、过度追求增长速度、热衷规模扩张的发展模式形成了重大挑战,使我国政府难以准确并快速地适应瞬息多变的技术与市场。可以看出,在新产业革命背景下,政府不转型,产业难转型。因此,面对新产业革命的挑战,我国产业转型升级的关键在于体制机制改革。

2) 研究意义

当前,我国产业转型升级处在经济体制深度改革与新产业革命蓬勃兴起的叠加时期。一方面,需要探究我国产业转型升级的体制机制障碍,并提出相关体制机制创新,努力破解自身束缚;另一方面,需要重视工业化与信息化、网络化、数字化、智能化深度融合的新产业革命,积极应对外来冲击。因此,本书以破解自身束缚与应对外来冲击为思路,在探究我国产业转型升级的体制机制障碍的基础上,结合新产业革命对我国产业转型升级的影响,提出相关体制机制创新。这不仅具有重要的理论意义,更有积极的现实意义。

第一,理论意义。产业转型升级和体制机制的内涵与外延均十分广泛,现有研究汗牛充栋,较多文献研究了产业转型升级的影响因素以及我国体制机制存在的问题,但没有进一步系统地研究体制机制问题对产业发展的影响。因此,将理论研究与实证方法追溯到两者之间的本质,挖掘其内在运行机制,具有一定的理论意义。本书从政府与市场的关系这一经济体制的核心问题出发,构建了政府过度干预、市场配置资源机制失效、要素价格扭曲及投资需求过度,进而产业结构调整进程滞后、企业技术创新能力差的传递机制。

第二,现实意义。长期以来,我国致力于推进产业转型升级,虽取得了一定的成效,但目前仍存在产业结构不合理、产品附加值低、企业效益差等瓶颈问题。对于我国产业转型升级存在的诸多顽疾,表面上看是源于粗放的经济增长方式,而往深层次探究则主要是我国体制机制的弊端使然。针对我国产业转型升级的体制机制障碍,进一步改革创新产业发展的体制机制,破解当前我国产业发展的瓶颈问题,对于我国的产业转型升级和经济可持续发展有着深远的现实意义。

0.2　研究内容与方法

1）研究内容与结构安排

本书立足于新结构经济学理论基础,具体从政府、市场、企业三个维度分析产业转型升级的机制,并进行实证检验,以期找出制约我国产业转型升级的体制机制障碍,并结合新产业革命的趋势与影响,提出推进相关体制机制创新(见图0.1)。本书共分为10章,各章主要内容如下。

绪论,本部分主要介绍了研究的背景和意义,概述了研究内容和研究方法,并列出了全书的基本框架,最后归纳出本书的创新点和不足。

第1章,新产业革命的背景与相关文献综述。以"技术经济范式"视角透析产业革命的发生机理,实证研究历次产业革命依赖的共性技术的突破及关键生产要素使用与新兴产业之间的关系,以及新兴产业的发展对世界经济的影响。中国是经济全球化的最大受益者,因受中美贸易战、贸易保护主义抬头、经济逆全球化等影响,全球原有的按价值链、产业链分工的格局将发生巨变。新产业革命数字化制造则要求生产企业具有应对市场变化的快速反应能力,这对我国产业和企业都是一个巨大的挑战,在新产业革命背景下,必须加快产业转型。

第2章,产业转型升级的理论基础分析。首先,界定了产业转型升级的概念,并梳理了关于产业转型升级测度方法的文献,进一步提出本书关于产业转型升级的概念以及衡量指标;其次,对经济体制与产业转型升级相关的文献进行综述,界定了本书中经济体制的内涵与范围,归纳分析了经济体制与产业发展的相关理论基础;再次,归纳总结了产业结构调整的体制因素方面的研究,并进行简评;最后,整理了新产业革命对我国产业转型升级影响方面的研究。

第3章,我国产业转型的瓶颈问题与体制障碍。总结了现阶段我国产业转型升级过程中的主要瓶颈问题,为后续的研究提出问题导向,同时进一步分析了形成问题的体制背景。

第4章,产业转型升级的体制机制分析:新结构经济学的解释。首先,概述了新结构经济学的主要内容与讨论;其次,分别探讨了"有效市场"对产业转型升级的决定作用,"有为政府"对产业转型升级的支撑作用,以及企业自生能力对产业转型升级的关键作用,为后文从政府、市场、企业三个层面分析产业转型

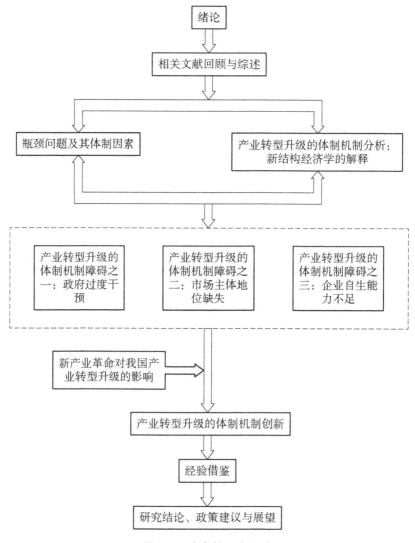

图 0.1　本书的研究思路

升级做出理论铺垫;最后,分别讨论了在我国经济体制的不同阶段,产业转型升级的运行机制。

第 5 章,产业转型升级的体制机制障碍之一:政府过度干预。构建政府主导的经济体制—市场配置资源机制失效—要素市场扭曲—产业结构失衡的途径机制和理论框架,打通了政府主导的经济体制至产业结构演进之间的传递途径,并在此基础上建立实证回归模型,利用相关数据进行验证。

第 6 章,产业转型升级的体制机制障碍之二:市场主体地位缺失。构建政府主导的经济体制—市场需求主体地位缺失—投资需求过度—产业结构失衡的途径机制和理论框架,分析了市场需求侧主体地位缺失对产业转型升级的影响,并在此基础上构建实证回归模型,利用相关数据进行验证。

第 7 章,产业转型升级的体制机制障碍之三:企业自生能力不足。国有企业是我国体制安排的微观表征,最能体现政府过度干预对企业的影响。构建了政府过度干预—市场调节机制失效—企业自生能力不足—企业的技术创新水平低的传递机制和理论框架,并在此基础上构建实证回归模型,利用相关数据进行验证。

第 8 章,我国产业转型升级的体制机制创新与案例分析。推进我国产业转型升级的体制机制创新,实质上是明确界定政府与市场在产业发展过程中的功能定位,并且要重视政府与市场都失灵的真空地带,重视引入产业社区机制拾遗补阙的作用,在分清边界、健全完善各自功能机制的基础上形成市场、政府、社区之间的有效互补与联动机制。

第 9 章,经验借鉴。国外经验主要是借鉴美国、日本、德国的创新战略与政策体系,国内经验主要是借鉴上海"四新"经济发展成效与发展举措。

第 10 章,研究结论、政策建议与展望。

2) 研究方法

本书以理论分析和理论框架构建为核心,以实证分析、案例分析等方法为支持。详细研究方法如下:

第一,理论模型分析。在产业转型升级的体制机制障碍分析中,对政府过度干预、市场主体地位缺失、企业自生能力不足等影响产业发展的内在机理进行深度剖析。在相关体制机制创新分析中,构建了政府多任务委托代理模型,探讨有为政府的激励机制;从提供公共物品与服务的角度,对产业社区在政府与市场"双重失灵"领域的补缺作用也进行了相应的理论解释。

第二,实证回归分析。首先,基于包含资本、劳动力、土地三要素在内的生产函数,测算了 2001—2014 年我国 31 个地区的要素价格扭曲程度。在计算区域要素价格扭曲的基础上,实证分析了政府通过要素价格扭曲、补贴等干预方式对产业结构调整的影响。其次,实证分析了投资需求、消费需求等因素对产业转型升级的影响。最后,利用工业企业数据库的微观企业数据,实证分析了在政府过度干预及市场主体地位缺失的体制下,政府补贴、要素价格扭曲对企业技术创新的影响,并进一步验证企业自生能力是否会在政府干预与企业技术创新之间存在中介作用。

第三,案例分析。本书分析了浙江省产业结构调整机制创新试点的相关做法。着重从试点"如何转型升级,如何分类指导,如何优化体制机制"等核心问题出发,借鉴试点的先进经验,为新产业革命背景下我国产业结构优化调整寻找新通道。

0.3 本书的创新点

国内外较多文献研究了产业转型升级的影响因素,以及我国体制机制存在的问题,但未能深入挖掘两者内在的运行机制。而本书建立了较为系统的研究思路和分析框架,从政府、市场、企业三个维度分析了产业转型升级的体制机制障碍,在此基础上提出相关体制机制创新,并得出有意义的结论。本书主要有以下三个创新点:

第一,在产业转型升级的体制机制障碍分析中,构建了政府主导型的经济体制—市场配置资源的机制失效—要素价格市场扭曲—产业结构失衡的途径机制和理论框架,打通了政府主导的经济体制至产业结构演进之间的传递机制,进一步利用实证分析方法进行验证,得出具有实践指导意义的结论;构建了政府主导型的经济体制—市场主体地位缺失—企业自生能力不足—企业技术创新水平低的途径机制和理论框架,进一步利用实证分析方法进行验证,证明了企业自生能力不足是企业技术创新水平低的症结所在,得出了具有实践指导意义的结论。

第二,新结构经济学认为"有为政府"会促进产业的发展,建立在"好人政府"的假设前提之上。然而,现实中的政府不一定是一心一意促进地方发展的"好人政府"。政府的激励机制尤为重要,有效的激励机制可以促使政府官员致力于推动产业发展,而扭曲的激励机制可能会造成产业结构优化进程滞后等问题。因此,本书构建了政府多任务委托代理模型,探讨有为政府的激励机制,并得出具有实践指导意义的结论。这对新结构经济学理论也是重要的发展与补充。

　　第三,推进我国产业转型升级的体制机制创新,实质上是明确界定政府与市场在产业发展过程中的功能定位,并且要重视政府与市场都失灵的真空地带。本书从提供公共物品与服务角度,提出了需引入产业社区机制,并对产业社区在政府与市场都失灵的领域的补缺作用进行了深入理论剖析,在分清边界、健全完善各自功能机制的基础上要形成市场、政府、社区之间的有效互补与联动机制。

第 *1* 章
新产业革命的背景与相关文献综述

　　新产业革命是人类产业与社会的又一次飞跃发展，是对过去发展模式的扬弃，将会对资源的需求结构、要素市场发展等经济发展的基础产生颠覆性影响，在此基础上，其典型的技术特点又会对生产方式、生活方式乃至国际贸易形势、世界经济格局产生全局性影响。随着与世界经济融合程度越来越深，这些影响将不可避免地对我国的产业发展、经济增长产生不可估量的巨大影响。因此，国内外从政界、学术界到产业界都给予了高度重视。本章对新产业革命的内涵、新产业革命的特征及其发展规律、新产业革命的影响等方面进行了文献梳理，为后续章节的研究分析提供理论基础。

1.1　新产业革命的内涵及其发展规律

　　根据克里斯托弗·弗里曼（Christopher Freeman）等专家就技术进步与整个经济体系变迁的关系学说，"技术—经济范式"指的是因科技产业革命引起的技术创新对宏观和微观经济的结构和运行模式进行变革后所形成的经济格局。
　　产业革命指一种正在形成的新产业模式（产业的技术基础、产业的结构、产业的运行方式、产业的规模等）取代旧产业模式的活动及过程，这种产业传统的变换，意味着人类社会生产方式及经济结构的飞跃。而"技术—经济范式"正是通过关键生产要素的变化引发对新技术的需求，从而导致主导技术群的变化，进而实现全面的产业革命。

1.1.1　产业革命的理论框架

　　对产业革命的分析存在多种不同的理论框架体系，其中最重要的有约瑟夫·熊彼特(Joseph Alois Schumpeter)的创新理论、尼古拉·D.康德拉季耶夫(Nikolai D. Kondratiev)的长波理论和沃尔特·惠特曼·罗斯托(Walt Whitman Rostow)的起飞理论。熊彼特的创新理论认为,所谓创新就是要"建立一种新的生产函数",把一种从来没有的关于生产要素和生产条件的"新组合"引入生产体系,以实现对生产要素或生产条件的"新组合"。周期性的经济波动正是起因于创新过程的非连续性和非均衡性,不同的创新对经济发展产生不同的影响,由此形成时间各异的经济周期;资本主义只是经济变动的一种形式或方法,它不可能是静止的,也不可能永远存在下去。因此,他提出,"创新"是资本主义经济增长和发展的动力,没有"创新"就没有资本主义的发展。康德拉季耶夫理论中的"长波"指的是经济成长过程中上升与衰退交替出现的一种周期性波动。由于康德拉季耶夫观察到的周期比人们观察到的另外两种经济波动的周期"尤格拉周期"和"基钦周期"明显要长,所以被称为长波或者长周期。罗斯托的经济成长阶段论将一个国家的经济发展过程分为六个阶段,依次是传统社会阶段、准备起飞阶段、起飞阶段、走向成熟阶段、大众消费阶段和超越大众消费阶段。

1.1.2 第一、第二次产业革命的演变及其发展规律

如表 1.1 所示,第一次工业革命就是以蒸汽动力技术及相关机械制造技术为典型的代表技术,以棉花、铁矿石、蒸汽机海陆运输网为关键生产要素的技术革命到产业革命的变迁过程,使得纺织、运输和机械制造成为新兴产业;第二次工业革命是以发电、送变电等电力技术及电磁通信技术等为典型技术,以电能取代蒸汽能成为普遍采用的动力源,生产由机械化过渡到了电气化,使得工业逐渐取代农业成为最大的产业,第三产业也随之迅速发展,成为新兴产业。

基于历次产业革命的历史数据资料,以技术经济范式视角能更好地透析产业革命的发生机理,通过实证研究历次产业革命发生依赖的共性技术的突破与关键生产要素的使用量、价格,以及新兴产业之间的计量关系,可有效验证技术经济范式对产业转型升级和历次产业革命的影响机理,不难发现政府规制政策的创新、相关新制度的建立对产业转型升级和新兴产业发展具有重要的积极影响。

表 1.1 历次工业革命的关键生产要素

科技—产业革命			主导技术群落及相关科学	关键生产要素		新范式对旧范式局限性的解决方法	技术经济范式	宏观经济:产业结构
称谓	起止时间	特征描述		表现形态	代表产业		微观经济:厂商行为之组织形式与竞争	
第一次工业革命:蒸汽革命	18世纪中叶到19世纪中叶。农业社会向工业社会转型	早期机械化。以蒸汽机为代表的新动力和新工具开始取代手工劳动	蒸汽动力技术及相关机械制造技术;牛顿力学和热力学	棉花、生铁、煤炭、蒸汽动力的海陆运输网	编织业和纺织机械制造业、制铁业、铁路及海运	技术经济范式的起点。机械生产和工业化组织拓展了经济活动的空间,打破了手工生产的局限性	厂商规模较小,合伙制企业,由竞争	农业仍是主要产业、纺织业、机械制造业和运输制造业成为新兴产业
第二次工业革命 电气时代	19世纪下半叶到20世纪30—40年代。工业社会成熟阶段	电能普遍获取代表汽能。生产方式由机械化过渡到电气化	发电、送变电等电力技术及电磁通信技术;电磁学理论	钢铁、电力、运输、电报、电话	电力、钢铁、化学工业、汽车工业、电报、电话等有线无线通信业	电气化在继续克服经济活动空间限制的同时,开始突破时间的限制,生产的可靠性提高,规模迅猛扩大	大的垄断厂商产生,股份公司成为最普遍的企业经营模式	三次产业划分形成,工业取代农业成为主体产业,第三产业快速成长
电子时代	20世纪40—80年代,福特式的大规模标准化生产出现。工业社会由机械化过渡到自动化来临	电子计算机被运用于生产的自动控制。生产方式由机械化过渡到自动化	石油、化工、钢铁等传统型的主导技术群落的继续深化;微电子等新兴技术日新月异,科技创新日呈加速度	以石油为主的廉价能源及电子设备	石化工业、汽车制造业及以计算机制造为主的微电子行业	大规模生产的障碍被自动化流水作业和标准化生产克服。以石油为主的传统能源为生产提供基础	跨国公司成为最强大的企业组织,公司规模日趋扩大,组织结构日趋复杂,垄断竞争成为厂商间竞争的常态,跨产业和行业的寡头垄断厂商出现	第一产业比重继续下降,第二产业开始重大结构调整,第三产业成为发展最快、比重最大的产业,信息技术产业悄然兴起

1.1.3　新产业革命的内涵

目前国际上对于所谓"第三次工业革命"或者"新产业革命"并没有准确的定义。比较主流的声音来自以下几位学者，分别是杰里米·里夫金（Jeremy Rifkin）、保罗·马基利（Paul Markillie）、彼得·马什（Peter Marsh）和岛中雄二。

较早具有影响力的是杰里米·里夫金，作为大学教授，"第三次工业革命"这门课他已在学校里开设了好几年。其观点概括来说就是新能源的网络化。他认为，新型通信技术的形成与全新的能源系统结合将会带来重大革命的产生，或者促使经济的转型。他用这个理论解释了此前的两次工业革命，第一次是蒸汽机与印刷术的结合，第二次是内燃机与电视广播技术的结合；而这一次他认为是可再生能源与网络信息技术的结合。在他的设想中，目前的化石能源经济将不可持续，未来将没有大型的电厂，电网是分布式的，每一个家庭既是电能的消费者亦是生产者。随之而来的是集中式的经营活动将被分散经营方式所取代，等级化的经济和政治权力将让位于以社会调节点组织的扁平化权力。

相较之下，保罗·麦基里的理论更侧重于制造业。他是英国《经济学人》的资深编辑，他的理论可以概括为"制造业数字化"，即智能软件、新材料、灵敏机器人、新制造方法及基于网络的商业服务将形成合力，产生足以改变经济社会进程的巨大力量。他最被外界熟知的可能就是对3D打印机的介绍与推崇。目前3D打印机已经能够打印包括牛肉、枪械在内的一批产品。他认为，数码科技已动摇零售业和传媒业，就像纱厂毁掉了手工纺纱，T型汽车取代了马车一样。未来的工厂不会充满肮脏的机器，员工可以制造出相比以前多2倍的产品。设计人员和生产人员甚至在同一个地点工作，商品不是在工厂而是在办公室制造，那里充满设计师、工程师、IT专家、逻辑学专家、市场营销员工等。

彼得·马什是英国《金融时报》的记者，在很多方面与上述两位的思想近似。他提出的比较鲜明的观点是这次变革后，各国参与生产的机遇将趋于平衡，世界将迎来新一轮经济增长期。2011年中国制造业产出达到全球的9.8%，这也是美国首次失去全球制造业产出第一的桂冠。但马什认为，未来它将重新回到美国等发达国家。其理由有以下5点：这些国家掌握新兴高科技自动化技术；能满足消费者日益增长的对产品个性化的要求；离市场更近，物流成本的降低；新兴经济体生产成本的上升；以及这些国家对环境污染问题的重视。

岛中雄二是日本三菱 UFJ 经济循环研究所所长,他对于产业革命的预测更多地来源于对长期趋势的分析。基于对康德拉基耶夫长周期的分析,他认为目前世界正处于第四波长周期末期,根据长期利率变动和熊彼特年表推定,正好 2012 年会形成均衡点。伴随着一系列带有革命性的技术革新,如 IT、生物技术、超导磁悬浮列车、电动汽车及燃料电池,甚至包括太阳能、风能、地热等再生能源,以及甲烷水合物、页岩气等能源替代物,将在这个时期有力地推动和支撑世界经济的发展,全球亦将迎来新的第五波上升期。

对于我国这样一个新兴发展中国家,对新产业革命到来的预判无疑有着重大的战略意义。所以我国从政界、学术界到产业界都给予了高度重视。我国学者纷纷就新产业革命的概念和内涵进行了广泛的讨论,着重从发起的原因、代表性的产业发展预期、生产方式的典型变化等方面对新产业革命进行概念性的廓清。吕铁(2012)认为,在理解新产业革命的内涵时,制造业的"数字化"和"大规模定制"相辅相成、缺一不可。而制造业的"数字化"依赖于一个复杂技术簇群的支撑。"大规模定制"的实现,需要一系列技术的协同进步并成功实现产业化,进而能够灵活、快速、低成本地满足消费者的个性化需求。陈祎森(2012)从新产业革命的发展未来判断,这场新工业革命有两大特点:一是直接从事生产的劳动力数量快速下降,劳动力成本占总成本的比例会越来越小;二是个性化、定制化的生产要求生产者贴近消费者与消费市场。一种可能的趋势是,过去为追逐低劳动力成本转移到发展中国家的资本,会很快移回发达国家。胡少甫(2012)认为,所谓"新产业革命",实质就是以数字制造技术、互联网技术和再生性能源技术的重大创新与融合为代表,从而导致工业、产业乃至社会发生重大变革,这一过程不仅将推动一批新兴产业诞生与发展,还将导致社会生产方式、制造模式甚至生产组织方式等方面的重要变革。新一轮科技革命和产业革命与全球化相互推动,将促进全球性产业结构大调整和世界经济格局的深刻变化。

1.2 新产业革命的特征与发展动向

1.2.1 新产业革命的动态特征

新产业革命具有如下 4 个方面的特征:综合性、应战性、链动性、全球性。

一是综合性。产业革命作为物质财富生产方式的根本性变革，不是某一生产部门或某一行业领域的单独变革，而是整个社会物质生产方式的全面变革。产业革命的综合性主要表现在两个方面：一是引发产业革命的科技革命，往往不是单一领域的科技突破；二是由新科技革命引发的产业革命常常在众多领域同时发生。传统工业时代生产方式塑造的固定化产业边界趋于模糊化甚至消失，揭示产业融合是新产业革命的历史性标志。产业融合是在经济全球化、高新技术迅速发展趋势下的一种发展模式和产业组织形式，其内在驱动力是技术创新、竞争合作的压力和对范围经济的追求。

二是应战性。英国著名历史学家阿诺德·约瑟夫·汤因比（Arnold Joseph Toynbee）曾在他的《历史研究》一书中用"挑战"和"应战"这一对范畴对农业文明诞生的过程进行考察，来揭示人类文明演进的规律。汤因比认为，在人类历史上，当一种旧文明发展到一定阶段后就将遇到自然或社会因素的巨大挑战，人类为了应战而努力开拓新的生产方式和生活方式，于是一种新形态的文明就诞生了。以蒸汽机为标志的产业革命解决了社会扩大再生产对以手工劳动为主的生产方式的挑战；以电的发明和使用为标志的产业革命又进一步回应了工业化大生产对能源生产方式的挑战；以电子技术为基础的产业革命则是为了应对复杂精密和高速运转的机器对人体生理极限提出的严峻挑战。产业革命正是人类不断地面临挑战而勇敢应战，摈弃旧的生产活动方式，开拓新的更高级的生产活动方式，从而延续和缔造人类文明的过程。

三是链动性。产业革命可以通过相关产业群在各产业部门之间扩散和传递，这一特征是由国民经济中普遍存在的产业关联决定的。产业关联是指社会再生产过程中，各产业部门之间的投入产出关联，具体地说，它是指一个产业部门的再生产在多大程度上依赖其他产业部门的产出物作为投入（前向关联），或一个产业部门的产出物，在多大程度上被其他产业部门需求（后向关联）。在存在社会分工的前提下，由于社会生产被分解为许多环节，各产业部门之间存在着纵向生产依次加工的关联关系，因此，一个产业部门生产活动方式的革命性变迁，必然会通过产业链带动其他产业部门生产活动方式的变革。

四是全球性。从空间上看，各国经济活动的发展总是不平衡的。综观世界经济发展史，产业革命总是在条件优越、经济比较发达且创新活动比较集中的国家或地区最先发生，然后再由发轫国（地区）向其他国家（地区）转移。但产业革命不是一国经济独立发展的产物,而是人类物质生产发展到一定阶段的必然结果。产业革命的世界性主要体现在:产业革命所解决的问题是世界性的,推动产业革命发展的科学和技术是全世界人类集体智慧的积累和结晶,产业革命在世界范围内展开并在全球范围内产生深远的影响。产业革命的世界性使全人类的命运紧密联系在一起,随着国家和地区经济开放性的不断增强以及技术信息跨国转移与传递的加速,产业革命愈发呈现出世界性演进的特征,在加快将区域文明推向世界文明的同时,也引发了一系列全球性问题。

新产业革命与历次产业革命具有共同的特征。而此次新产业革命发生的时代与以往有很大的不同,如全球化使得各国之间的联系更加紧密,信息的快速传播使得新技术可以更快地被应用,等等,由此使得此次新产业革命相比前两次产业革命更加复杂多变。新的技术突破、商业模式和生产方式的变革,导致其扩散速度越来越快,影响程度也将越来越深,如新能源、3D 打印、智能制造、智能电网、生物技术等多种技术的出现,为应对现有化石资源的日益枯竭与环境污染而大规模应用的绿色新能源利用方式,数字化和智能化与传统制造业进行融合后变更了生产方式,发达国家的制造业回流正在改变着世界的分工体系并重塑世界经济格局。

1.2.2　世界主要国家和地区新产业革命发展动向

从空间上看,各国经济活动的发展总是不平衡的。由于产业革命最先发轫于条件优越、经济比较发达且创新活动比较集中的国家或地区,新产业革命也会呈现出这一特征。因此,以美国、日本和欧盟为代表的发达国家和地区纷纷采取各种应对策略,为新产业革命发展创造最佳条件。

美国在可再生能源利用、数字制造及大数据挖掘等方面都有了明确的规划。在可再生能源利用方面,美国通过了《2009 年美国复苏和再投资法案》,为可再生能源的制造商和开发商提供补助,资助前沿研发,将绿色能源纳入经济复苏计划之中,大力发展可再生能源。在数字化制造方面,同时在 1 000 所美国大学配备 3D 打印设备,其目标是培养新一代系统设计师和生产创新者,这标志着以 3D 打印机为代表的数位化制造技术已在美国得到广泛应用。在大数据产业的发展方面,美国政府将大数据的研发与应用提升到保障美国国家安全、加速科学研究步伐、引发教育和学习变革的高度,标志着大数据将从以往的商业行为上升到国家意志和国家战略。

日本于 2008 年出台了《低碳社会行动计划》，提出大力发展高科技，重点发展太阳能、风能等低碳能源，并且为产业科研提供财政关税等政策扶持以及资金补助。此外，日本非常重视智能电网国际标准的开发。2009 年 8 月，经济产业省成立了"关于下一代能源系统国际标准化研究会"。2009 年颁布了《新国家能源战略》，提出了 8 个能源战略重点。为了推动战略性新兴产业发展，日本政府采取了一系列政策措施：一是政府预测关键技术，制定和实施大型科技计划；二是不断完善研究开发补助金制度，为技术研发提供资金支持；三是建立官民合作开发体制，共同分担研发风险；四是采取税收优惠、低息贷款等财政金融政策，鼓励新兴产业发展。

在挖掘新型工业化的潜能方面，德国将独一无二地开启一个新的工业时代：工业 4.0。"工业 4.0"项目的概念描述了由集中式控制向分散式增强型控制的基本模式转变，目标是建立一个高度灵活的个性化和数字化的产品与服务的生产模式，注重在工业生产的各个环节中构建智能网络和可持续的生产。在"高技术战略 2020"的计划行动中，德国联盟政府为未来项目"工业 4.0"设立了雄心勃勃的目标：德国要成为现今工业生产技术（即网络物理融合式生产系统）的供应国和主导市场。

美、德、日三国的历史经验对于中国的产业转型发展具有重要的借鉴意义。当今的中国应积极利用危机过后全球产业重新洗牌的市场机会，加快推进新能源、新材料、新一代互联网、智能制造、生物工程，以及航天、海洋等新兴产业实现跨越式发展。世界经济中新一轮的科技革命和产业革命将成为我国经济转型发展的强大动力。尽管科技革命有可能在欧美发达国家率先突破，但基于我国"世界工厂"的制造优势和潜力巨大的市场空间，产业革命有望在中国大地形成燎原之势，在欧、美、日陷入经济危机阴影自顾不暇时，我们应牢牢把握历史机遇，实现"弯道超车"。

国际产业发展的新趋势是美国重振制造业，回归实体经济，引发发达国家实施"再工业化"战略。各国再工业化的战略意图是在传统产业更新换代和科技进步的过程中，加快推进实体经济的转身与复苏，以及抢占世界经济和科技发展的制高点。发达国家重视新一轮技术革命将推动国际产业结构优化和生产方式的变革，关注低碳经济和绿色产业，加快信息技术产业建设，推动现代服务业快速发展。

1.3　关于新产业革命对世界及我国经济的影响

新产业革命是人类产业与社会的又一次飞跃发展,是对过去发展模式的扬弃,因此将会对资源的需求结构、要素市场发展等经济发展的基础产生颠覆性影响。同时,新产业革命的技术特点又会对生产方式、生活方式乃至国际贸易形势、世界经济格局产生全局性影响。随着与世界经济的融合程度越来越深,这些影响将不可避免地对我国的产业发展、经济增长产生难以估量的巨大影响。

1.3.1　新产业革命的世界性影响

新产业革命对于生产方式的影响主要是通过新能源与网络技术的融合而带来的一系列技术突破实现的,最重要的影响包括各产业间的融合与制造业的数字化发展。里夫金回顾工业革命,认为三次工业革命的共同点都是能源技术和通信技术的融合,每一个百年经历一次工业革命,现在面临着新一轮的工业革命,其特征是互联网和新能源,特别是可再生能源的融合,是第三次工业革命的特点。所以,产业融合的前提条件是技术上的融合。石勇(2012)也认为,第一次工业革命的制造特点是单机分散式生产,第二次工业革命的制造特点是流水集约式生产,而第三次工业革命是 3D 打印技术与分布式能源技术、互联技术、新材料等多种齐头并进的高新技术结合,形成单机分布制造状态,它完全由信息技术来控制,有一定的逻辑性,分散但不分离。技术融合是这次工业革命的一个鲜明特征,即以信息技术为基础,多技术、多学科融合产生的技术上的变革。信息技术的发展经历了从电子化到信息化,再到未来的智能化(如人工智能等信息技术同生物技术等结合)。从这个角度来看,新产业革命早已开始,未来可能的重大突破将是渗透性和融合性的。基于技术高度融合的成熟发展,产业融合也将获得实质性的发展,呈现出全新的产业生态,产业边界日趋模糊,生产过程进一步虚拟化、社会化。第三次工业革命将会重塑第二、第三产业关系,加速制造业与服务业的融合,模糊化第二、第三产业的界限。具体来说主要包括大规模生产转向大规模定制、刚性生产系统转向可重构制造系统以及工厂化生产转向社会化生产三个方面。新产业革命会使得分工模式从过去的"轮辐式"转变为"星座式"。而产业组织方式也将发生重大变革。近几年国际企业竞争格局出现了前所未有的重构,一些企业快速崛起,一些企业迅速衰落,还有一些企业还在苦苦探索转型之路(江飞涛,2022)。

麦基里(2012)总结新产业革命的特征是数字化制造,从而会引发生产方式向分散化、个性化的方向发展,进而引发一系列大的变革。而这一变革将会借助于数字技术进一步强化发达国家的技术优势,重构世界各国产业间比较优势的关系。我国学者也从制造业数字化发展出发,总结和判断数字技术作为新产业革命的基础技术之一,会使得未来产业朝着数字化、智能化方向发展,个性化定制的出现也将随之成为可能。黄伯云(2015)认为,新产业革命就是互联网技术和可再生能源的整合,在这场革命中,数字化、信息化、智能化、个性化的生产方式正在取代传统的人工、机器的方式。

新产业革命将体现出制造业服务化及生产智能化的特征。例如,在制造业服务化方面,通用、西门子等制造商逐渐从大型设备的提供者演变为最终解决方案的提供者,这表明,制造业服务化趋势日趋明朗;生产智能化方面,由于云计算和大规模数据库的出现,包括 3D 打印、智能机器人的技术发展,使得制造更加智慧,更加灵巧,这将改变原来的标准化生产方式,转向灵活性、多样化、分散化的生产方式,大规模个性化制造将成为可能。冯海超(2013)认为,现代历史上的历次技术革命,中国均是学习者。而在这次云计算与大数据的新变革中,中国与世界的距离最小,在很多领域甚至还有着创新与领先的可能,加上中国市场需求广阔,后续增长潜力大,大数据时代一定有属于中国的机会。

1.3.2　新产业革命对生产方式和商业模式的影响

生产方式的变化将催生出新的商业模式的变迁。新产业革命的一大发展趋势就是外包向内包回归。现在越来越多的海外工厂正逐渐搬回富国,这不是因为中国劳动力成本正在上升,而是因为公司需要将工厂建在离消费者近的地方,以对消费者的需求变化做出更敏捷的回应。另外,现在的产品如此复杂,最好让设计人员和制造人员在同一个地方工作,以便更好地沟通。制造业将更需要高技术的人才,人力成本和海外代工变得越来越不重要。

新产业革命同时对生活方式带来了深刻影响。例如周洪宇(2012)提出,在新产业变革时将会出现个性化消费,即消费者根据自己个人的喜好,设计自己喜欢的产品,然后打印出来,就实现了消费。王元(2013)认为,新产业革命将会颠覆之前对于生产规律的判断,生产者与消费者的单向关系将会得到改变,以数字化为基础的智能化的生产,多学科、多技术的融合,以及大规模定制将会出现,无论产品的供给、配送还是服务都可以远程实现,生产者和消费者之间的角色可以转换。

新产业革命对国际贸易形势、世界经济格局也将产生全局性影响。新产业革命将削弱劳动力成本在生产成本中的比重,加重技术优势,特别是高端智能技术、能源技术、数字技术优势在生产中的重要性,从而使得发展中国家逐渐丧失在制造业中劳动成本的优势,而发达国家逐渐重新获得实体经济发展的核心地位。罗宁(2012)认为,能源生产与使用、社会生产方式、生产流程、组织方式和生活方式等方面的变革,将重塑比较优势,改变全球产业分工与贸易格局,解构产业关系,革新经济地理,使全球利益分配重新洗牌。周洪宇(2012)认为,工业革命带来的影响主要为信息化与全球化的合流,既带来了知识的爆炸性时代,也带来了不同国家、地区、行业和人群在信息获取、利用能力方面的数字鸿沟。这种变化进而将改变目前世界的经济格局分布。蔡春林、姚远(2012)认为,以机器人技术、人工智能、叠加制造和纳米科技、新材料、新能源为代表的新产业革命将降低制造业对廉价劳动力的依赖,催生出新的生产模式。单纯以劳动力成本获得的比较优势,将越来越不明显。制造业的区位选择将使美国重新获得制造业优势,制造业加速向美国国内回流,成为当地产业。新工业革命可能会对经济全球化带来一些影响。如国别经济将会有新的发展,带来新的分工方式。相较于金融危机之前按照产业链分工,新一轮产业革命数字化制造将使得对市场依赖程度比较高的部分产业就地化生产,可能会出现三位一体,即市场、制造和设计集中在一个地方。

新产业革命将使得制造业呈现出个性化、分散化、网络化的新特征,但在相当长一段时期内,这种新的制造模式尚不太可能取代传统的集中式大规模制造,整个制造业将向双向互动、多层共进的结构演变发展。王昌林(2013)认为,从对经济社会发展的影响看,信息技术的发展将会继续深刻改变人类的生产方式和生活方式,但难以像蒸汽机、电力、个人计算机、互联网等事物的出现那样给人类的生产生活带来革命性的变化。同样,光伏、风电等分布式能源发展将会引发能源工业的变革,但对人们的生活不会像电的发明和广泛应用那样带来革命性的变化。

1.4 新产业革命背景下我国产业转型战略选择

针对新产业革命对我国经济发展正反两方面的影响,许多学者从各自的研究领域出发,对我国应对新产业革命的挑战与机遇等方面提出了相应的战略建议,主要是从科技创新战略、人才创新战略以及体制机制创新战略3个维度进行阐述,涵盖了新产业革命所涉及的基本方面以及我国经济发展的瓶颈,极具现实意义和指导意义。

1.4.1 科技创新战略

当前,高端技术优势的缺失与我国迫切发展新兴产业以及获得技术领先地位之间产生了尖锐的矛盾,这就需要我国从战略的高度来制定我国新兴产业相关技术的发展战略,优化科研资源的配置效率,以此实现关键技术的突破。在这方面,相关学者结合自己的研究经验,在技术路径的发展、重点领域的确定、创新模式的培育等方面提出了一些有价值的建议。

首先,明确适合我国的技术发展路径,从制度上打破既有模式下的科技发展的桎梏,促进符合新产业革命要求的科技创新的产生。金碚(2012)指出,对于中国而言,需要以不同的体制机制来推动两类产业的技术创新。一类是对发达国家来讲已经是传统产业,但对中国来讲还是新兴产业,如航空、核技术等。这类产业的技术路线基本清晰,可以发挥我国体制的优势,由国家集中力量,加大投入,取得突破。另一类是对发达国家来讲技术路线也并不清晰的产业,如新能源、生物工程、生命科学等。对这类产业要充分发挥市场机制的作用,实行具有普惠性的鼓励政策,激励科技创新的主体通过公平竞争实现技术路线的选择。国家主要应在基础研究、共性技术、核心技术突破上投入更大力量,而不是在扩大产能上进行大规模投资。马虎兆(2012)指出,中国处于产业链低端,受困于处于产业链高端的发达国家,鉴于科技创新能力的差距和技术革命所扮演的不同角色,中国需要利用技术革命走出与众不同的发展道路,即利用旧有技术革命的技术红利的"产业链提升战略"和实现技术赶超的"新技术革命扩散战略"。我国必须把创新驱动特别是科技创新作为转变经济发展方式的核心内容,并尽快建设一批国际一流的研发平台,吸引研发海外人才和科技项目向我国转移,力争把我国建设成全球重要的创新基地或中心(吕政,2022)。

其次,我国应当布置好科技创新突破的重点领域,制定技术发展战略,高效率地利用有限资源,以尽快缩短与先进国家的差距。贾根良(2013)通过对新产业革命的深入研究,认为新型工业化道路的内涵反映在技术战略上,一方面,可再生能源革命或绿色技术革命应该成为我国未来新型工业化道路的关键选择,将其提升到与信息化同等重要的地位;另一方面,把纳米和新材料技术革命等纳入我国新型工业化道路的视野之中,这对解除我国工业化的资源限制具有重大意义。牟红(2013)认为,我国要加强科技研发投入,特别是中央政府的投入重点应是对基础前沿问题、事关国家全局的战略科技领域和事关民生的公益性科技领域的研究。学者们还将技术战略的重点具体到了新产业革命的关键技术领域。如韩晶(2012)认为,我国应首先在高端制造领域进行重点培育。罗宁(2012)认为,我国需要在政策层面给予数字化信息技术的产业化发展以扶持和鼓励。王宏广(2013)建议,我国新技术发展要突出生物技术和新能源技术两个重点领域。

最后,不断创新科技发展的模式,丰富科技发展路径,利用多种手段提高我国科技进步的效率。吕铁(2012)认为,我国应该接入全球先进制造创新体系和产业网络,充分利用国际资源。尽管新产业革命可能会使某些生产和研发活动向发达国家回流,但世界生产和创新的全球化趋势不会改变。同时,由于发达国家在数字化制造、新材料等领域仍然处于领先地位,因此,中国需要向发达国家学习以缩短赶超的时间,包括进入发达国家数字化制造设备的生产与研发全球网络,吸引发达国家数字化制造领域的直接投资、通过绿地投资①和海外并购等方式直接利用国外的生产和创新资源。韩晶(2012)则主张应该积极推动与欧美的高技术合作。因为欧美在高端制造、新能源等多个领域具有先进的理念、科技和管理,所以中国应积极加强与欧美在高技术领域的合作。我国应加速吸引跨国公司研发机构的转移,通过激励性政策和措施引导外资企业和研发

---

① 绿地投资又称新建投资,是指跨国公司等投资主体在东道国境内设置的部分或全部资产所有权归外国投资者所有的企业,这类投资会直接导致东道国生产能力、产出和就业的增长。

机构加大在我国的研发投入,开展更多的前沿、基础技术研究,使其成为国家创新体系的有机组成部分。

1.4.2　人才创新战略

我国产业转型升级和发展新兴产业离不开人才队伍的支撑。关于如何应对新产业革命的人才战略研究,我国学者也提出了自己的看法,并一致认为改革现行的人才培养模式刻不容缓。

首先,关于未来新兴产业发展需要什么样的人才,不少学者做了许多有益的探索。陈祎淼(2012)认为,数字化制造对人力资本的要求明显提高,必须具备驾驭这些数字化和智能化设备的人才。现在出现了人才结构供给的扭曲,应该把如何提高人力资本作为重要的国家战略来考虑。人才战略除了要关注高端的创新型复合型人才,还要着眼于培养高技能的技术人才。罗宁(2012)指出,要增强高等教育学科设置和专业调整的灵活度,及时根据未来制造业对设计、IT、营销等专业人才的需求优化教育体系,加强创新型人才、知识型员工培养,将成为中国更好地融入新一轮工业革命的最有力支撑。李菲(2013)认为,人才培养方面需要加强人才的教育培养力度,为新兴产业输送新鲜血液。**其次,人才战略还应包括如何让人才发挥作用、稳定人才队伍等相关制度建设**。李菲(2013)认为,应该建立一套完善合理的激励机制,吸引和留住产业人才。王宏广(2013)也建议要实施新人才战略,引进一批外籍尖子人才来华创新创业。迎接新科技革命的关键是尖子人才,世界一流的实验室几乎都汇集了多民族的最优秀人才,建议尽快启动"洋千人计划",在吸引优秀留学人才回国的基础上,以企业为载体,在国际竞争的关键领域或行业组建一批国际一流的研发队伍。建议从外汇储备中每年拿出一定经费,扶持企业引进外籍尖子人才。**最后,改革针对目前与人才培养紧密相关的教育体系,探索符合新兴产业发展需求的人才培养模式**。新产业革命需要大批创新型人才,而当前以应试为主的教育方式不能适应这样的需求。当务之急是如何尽快打造一批能够适应新产业革命要求的具有全新机制的教育机构。

就人才创新战略而言,我国要构建能满足未来新兴产业的产业链上各环节所需要的人才结构是确凿无疑的,但我国学者通过对比国外先进的教育理念和体系,发现我国现行的教育制度存在较大的弊端:一方面,教育的根本理念阻碍了创新精神的培养;另一方面,专业设置和教学体系也不适应未来产业革命对于人才的需要。所以,在制定人才战略的同时,教育体系也亟待调整,以适应人才战略的实施和高端技术发展的需要。

1.4.3 体制机制创新战略

制度对于经济的影响从来都是至关重要的,针对我国参与新产业革命的制度命题而言,我国的学者在政府扶持产业发展、科技创新激励制度建设、知识产权保护制度完善等方面作出了积极的探索。

首先,政府应该在现行制度框架下发挥积极作用,扶持相关产业尽快成长。吕铁(2012)建议,我国应有针对性地制定促进产业发展的财政、税收、信贷、进出口等方面的政策。贾根良(2012)指出,为了保护和开发这种巨大的国内市场,抓住新工业革命的历史性机遇,我国的新型工业化道路有必要在发展模式、科技政策、外资政策、金融体系、产业政策和贸易政策等诸多方面作出重大调整。牟红(2013)认为,创造良好的新产业发展环境是各级政府义不容辞的责任。一方面,地方政府的科技投入应引导创新要素向企业集聚,增强区域创新能力,提供创新公共服务,扶持中小企业,营造良好的创新创业生态环境;另一方面,应改革科技宏观管理,明晰和调整各功能主体的职能定位。

其次,科技创新体制要适应未来产业革命,应强化制度创新促进产业发展的理念。王宏广(2013)建议实施新体制战略,营造国际一流的创新环境。贯彻落实中共中央、国务院《关于深化科技体制改革加快国家创新体系建设的意见》,深化科技体制改革,努力营造学术自由、经费和人才相对集中、产业化条件国际一流的创新环境。制定创新型国家的指标体系,针对不同行业、地区、机构建立科学合理的考核体系。打破科技小循环,进入经济中循环、国际大循环,站在未来国家竞争的高度部署科技工作。王昌林(2013)建议,为迎接新一轮科技革命和产业革命,应坚持以改革开放为动力,使企业真正成为研究开发投入的主体、技术创新活动的主体和创新成果应用的主体,加快建立现代科研院所制度,深化科技管理体制改革,创造有利于新技术发明和产业化以及新兴企业成长壮大的体制机制和政策环境,着力解决科技与经济结合不紧密的问题。也有的学者认为,不应该再主张过去的举国体制的发展方式,要在科技创新制度里淡化政府的作用,应该更加注重市场对于科技研发行为的主导作用。如王一鸣

(2012)就认为,新的产业变革对我国科技体制改革提出了新的要求。徐剑锋
(2013)以浙江省为例认为,面对新产业革命的挑战与机遇,浙江省应将现有的
支持"增长型"的政策体系,转变为"创新导向型"的政策体系。

最后,建立符合新产业革命需要的知识产权保护制度。吕铁(2012)认为,
新产业革命强化了计算机软件等数字化作品在生产设计与制造中的重要性,从
而改变了各种知识和信息的存储地。在网络环境下,各种数字化作品具有容易
复制、传输方便和形态多样的特点。不同于生产设备等物化的知识产权,这类
知识产权的创作行为,涉及的社会关系、权利内容等都更为复杂多样,这对于确
定知识产权所有人和有关权属方面是一个挑战,在这一背景下,对各类侵权行
为的确认以及各类知识产品的保护将变得更加困难。因此,知识产权问题对产
业生态的影响力加大,能否有效保护知识产权成为影响产业发展态势的关键性
条件,成为产业生态良性发展的必要条件。

综上所述,对于我国目前科技发展成果能否支撑起未来高端产业竞争,我
国学者们表示谨慎的乐观。我国应当布局好接下来的科技工作重点,着力发展
新材料、智能技术、生物技术等关键领域;重视人才培养、教育体制改革以及人
才引进。为突破目前新兴产业的发展难题,还应当从财政、税收、用地、信贷的
政策方面鼓励中小企业发展,进行制度创新,优化投资建厂、研发创新。我国应
对新产业革命的挑战需要一整套全方位的战略设计,是一个需要全社会共同应
对的历史课题。

未来在国际舞台上,中国的主要竞争对手既包括西方传统强国,也包括新
兴的金砖国家。可以说,谁抢占了新产业革命的制高点,谁就能在未来的竞争
中占得先机。因此,我们也需要未雨绸缪,积极采取应对政策,加快体制改革,
做好教育和创新的培育工作,培育完善的国内市场环境,为创新型的技术发展
提供更好的体制和市场环境。

第 **2** 章

产业转型升级的理论基础分析

关于产业转型升级方面的研究,现有研究汗牛充栋。本章将系统梳理国内外学者对于产业转型升级的概念、测度方法、影响因素、体制机制等方面的研究,在此基础上,总结新产业革命对我国产业转型升级的影响,为后文研究提供较为充分的理论基础。

2.1 产业转型升级的概念界定与测度

2.1.1 产业转型升级的概念界定

产业转型升级的概念可以通过垂直和水平的产业结构来解释。垂直产业结构的概念由科林·克拉克(Colin Clark)于 20 世纪 30 年代提出,其主要内容是整个社会产业结构根据处理对象可分为第一、第二、第三产业。水平产业结构的概念源于以波特为代表的产业价值链理论,该理论将商品形成过程分为 3 个阶段:研发设计、制造与组合、营销和专业服务,最终形成不同的利润分配的微笑曲线。垂直产业结构调整被称为“转型”,表现为支柱产业的变化,通常采用三次产业的比例作为衡量标准。一些学者认为,其本质上是产业投入要素密度和比例的变化(左莉,2002;姚晓艳,2004;于立,2004;潘伟志,2004)。产业链上某个局部技术的提升被称为“升级”,而垂直产业结构基本保持不变,具体表现为经济主体进入技术能力更强、获得利润更高的发展阶段,通常是生产者由劳动密集型产品转变为资本、技术密集型产品的发展过程(Gereffi,1999;Kaplinsky,2001;朱卫平、陈林,2011;蒋兴明,2012)。

在借鉴已有文献关于产业转型升级概念的基础上,本书认为产业转型与升级这两个概念既有联系又有区别,但不能简单地割裂开来看。因此,产业转型与升级是产业发展过程中的两种状态,并且产业转型往往包含产业升级,而产业升级也可能带动产业转型,具体表现为产业结构的不断调整优化,以及产业技术水平的不断提高。

2.1.2 国外关于产业转型升级水平测度的研究

国外关于产业转型升级测度的研究主要可以归纳为以下几个方面。第一,有学者认为产业转型升级最直接的表现就是劳动力在产业间的流动,即随着劳动生产率的不断提高,劳动力将从第一产业流向第二产业,再逐渐由第二产业流向第三产业,进而带动产业结构的不断调整。因此,可以采用劳动力在各个产业间的流动来表示产业转型升级(Kuznets, 1973; Kaldor, 1961)。第二,产业转型升级的实质是技术创新,产业的发展本质上是技术的更新换代。因此,可以采用技术创新衡量产业转型升级(Grossman & Helpman, 1991)。第三,还有学者构建了 More 值测定法[①],以此来测度产业结构变化的程度。此外,还可以通过计算产业结构超前系数判断产业结构变动的方向。

2.1.3 国内关于产业转型升级水平测度的研究

目前,国内学者对产业转型升级测度的研究侧重点各有不同,没有统一明确的标准,主要可以分为以下几种。第一,借鉴国外已有文献的做法,利用产业结构超前系数法,测算我国产业结构的变动方向;采用 More 值、产业结构年均变动值测度我国产业结构变化的速率(高燕,2006;谭晶荣等,2012)。此外,还有学者尝试构建产业结构升级系数来测度产业结构升级,如通过赋予三次产业不同的权数,用三次产业加权求和的方式来测定产业转型升级的水平(徐德云,2008)。第二,通过测算劳动生产率来衡量产业转型升级,较多学者认为劳动生产率的提高会促使劳动力从第一产业转向第二产业,并进一步转向第三产业,

---

① More 值测定法是运用空间向量的原理,以向量空间中的夹角为基础,将产业分为 N 个部门,构成一组 n 维向量,把两组向量在两个时期间的夹角作为象征产业结构变化程度的指标。

可以通过劳动生产率与产业比例的乘积来测度产业结构优化升级(刘伟,2008)。第三,较为普遍的观点是利用三次产业比例或第三产业占比,衡量产业结构优化升级(冯根福等,2009)。

在借鉴已有研究的基础上,本书认为产业转型升级的测度指标一方面应体现产业结构的优化调整,另一方面应体现产业发展效率与质量的提升。鉴于此,本书分别从宏、微观层面共设定 3 个指标以反映转型升级的程度;从宏观层面看,需反映产业结构的合理程度以及工业发展效率与质量,分别为第三产业与第二产业的产值比、工业生产率指标(全要素生产率)(刘文君,2013);从微观层面看,产业转型升级为企业的转型升级,其实质上也是企业技术创新的过程,因此,采用企业技术创新指标衡量企业转型升级。

2.2 产业转型升级的体制机制

2.2.1 经济体制的内涵与分类

1) 经济体制的内涵

国外学者认为经济体制的内涵有广义与狭义之分。从广义上看,经济体制包括政治机构、经济主体、组织、法律及规则等,各部分以一定方式存在并互相影响,从而进一步影响了生产、交换、分配与消费;从狭义上看,经济体制实质上是关于生产的安排,即资源如何分配,生产内容如何确定,生产方式如何选择等,也可以将经济体制理解为在社会福利函数、生产方式手段、资源分配以及收入分配等方面一组特定的处理方式[①]。

国内关于经济体制的概念最早由 1982 年出版的《中国的经济体制改革》一书提出,书中认为我国现行的经济体制具有高度的集中性、以行政管理为主、忽视市场调节作用的特点,这种体制存在一定的问题,必须有步骤地实施改革。要充分发挥出社会主义经济管理体制的优越性,就需要各项具体管理制度的完善,这是需要长期不断摸索和实践的过程。

2) 经济体制的分类

经济体制依据不同的标准可以划分为不同的分类。国外学者通常按所有

---

① 博恩斯坦. 比较经济体制[M]. 王铁生,译. 北京:中国财政经济出版社,1988:16.

制将经济体制划分为以私人所有制为特征的资本主义经济体制和以生产要素公有制为特征的社会主义经济体制。其中,资本主义经济体制的决策权被委托于生产要素所有者,并充分利用市场调节机制,运用物质激励来推动生产参与者实现体制的目标;社会主义经济体制可以分为社会主义市场经济体制与社会主义计划经济体制,社会主义市场经济体制的决策权为分权制,并利用市场机制加以调节(赵云娇,2011),采用物质激励结合精神激励的方式推动实现体制目标,而计划社会主义经济体制采取集中的决策权,且由中央计划调节,采用物质激励结合精神激励的方式推动实现体制目标[①]。

国内学者依据我国不同时期经济体制的发展和改革,将经济体制分为计划经济体制、转轨经济体制与市场经济体制。中华人民共和国成立之初,在苏联的发展模式影响之下,我国建立起具有高度集中特征的计划经济体制。该体制主要具有以下特征:资源配置以计划为主,主导产业以重工业为主,市场主体以国有企业为主,收入以高积累与低消费为特征,经济增长高度依赖投资。从1978年改革开放到1992年,"我国处于计划经济体制与市场经济体制并存的转轨经济体制的阶段"[②]。该体制具有以下特征:资源配置以计划为主,市场调节为辅;主导产业支持轻工业同步发展;市场主体鼓励以公有制为主体,多种所有制发展;鼓励消费带动经济发展。从1993年到2003年,"我国处于社会主义市场经济体制的初期阶段",该体制具有以下特征:资源配置以市场机制为基础,市场主体更加多元化,经济增长再度以投资为主动力,出口对经济的带动作用更为显著。经历了多年的经济体制改革,我国进入社会主义市场经济体制逐步完善和全面深化经济体制改革时期,社会主义市场经济体制改革在一系列重要领域和关键环节不断取得进展。整体看来,我国政府逐渐减少对资源配置的干预,并重视发挥市场机制的基础作用。

综上,国内外学者对经济体制的内涵与分类进行了较为详尽的研究,但对此概念给出精确定义的研究并不多见。本书认为,经济体制主要是所有制和经济运行机制(包括经济体之间的关系、影响因素以及调节功能)。简言之,经济体制主要包括资源配置方式与所有制的问题。

---

① 霍尔索夫斯基. 经济体制分析和比较[M]. 品根,等译. 北京:经济科学出版社,1988:45 - 87.
② 霍尔索夫斯基. 经济体制分析和比较[M]. 品根,等译. 北京:经济科学出版社,1988:45 - 87.

3) 经济体制与经济制度的区别与联系

经济体制与经济制度分属不同层次的概念。经济体制是所有制与经济运行机制,而经济制度是所有制、生产过程中主体间的关系以及分配制度等。因此,"经济体制的性质由经济制度所决定,它是经济制度的具体表现形式,即同一种经济制度可以具有不同的经济体制"[①]。通过对已有文献的梳理,经济制度和经济体制的关系可以概括如下。一方面,经济制度与经济体制可以理解为内容与形式的关系,即"经济制度是建立经济体制的前提和基础,经济体制是经济制度的存在形式,即经济体制不会脱离经济制度而孤立地存在"[②]。另一方面,经济体制会反作用于经济制度,当经济体制符合经济体的发展水平时,会促进经济制度的完善;反之,则会制约经济制度的运行及经济的发展。

2.2.2 产业发展的相关理论基础

经济体制主要包括经济的资源配置方式与所有制。因此,本部分将从资源配置方式与所有制两个方面梳理其与产业发展的相关理论。

1) 资源配置方式与产业发展的理论渊源

配第—克拉克定理实质上提出了资源配置与产业结构调整的动态关系。该定理由 Clark(1940)与 Petty(1667)在要素流动与国民收入配置关系的研究基础上提出。他们认为,要素在产业间的流动引致产业结构的不断调整。例如,劳动力要素的流动次序通常由第一产业流向第二产业,再由第二产业流向第三产业。这与收入配置的结果基本一致,即第二、第三产业的收入分配比例通常会高于第一产业。也就是说,劳动力要素在产业间的不断流动会引致产业结构调整与优化。

刘易斯的二元经济理论认为农业部门与工业部门的调整变动由劳动力要素流动引起(Lewis,1954)。该理论认为,农业部门与工业部门的要素边际报酬通常不相等,当工业部门的劳动报酬远高于农业部门的报酬时,劳动力将由农业部门流向工业部门,这将引起资源的配置效率在农业部门和工业部门出现不断变化。随着工业部门劳动力的不断增加,最终两部门的劳动边际报酬趋于

---

① 黄邦根. 略论经济体制和经济制度的关系[J]. 财贸研究,2000(3):6-9.
② 黄邦根. 略论经济体制和经济制度的关系[J]. 财贸研究,2000(3):6-9.

均等。这时,资源配置达到最优状态,二元经济结构消失。

赫尔希曼的不平衡增长理论认为资源的不平衡配置将引起产业结构的变迁。Hirschmari(1958)认为,由于资源的稀缺性,发展中国家必须选择合适的发展路径,将有限的资源配置到经济效率最高的部门。这种不平衡的发展政策与路径决定了经济和产业结构的不平衡增长。具体而言,如果投资侧重于某一部门,将会影响生产资本和社会资本的比例,进而使资源发生转移和重新配置,并最终使二者达到均衡的过程,最终引起产业结构的发展与变化。不平衡增长理论较好地解释了我国改革开放以来产业结构调整的过程,即资源配置影响产业结构变迁的路径。

库兹涅茨法则认为收入与劳动力的配置会引起产业结构的变化。Kuznets(1966)在配第—克拉克理论的基础上,运用截面和时间序列分析了相关国家的收入与劳动力配置的变化对产业结构调整的影响。具体结论如下:要素在产业间的流动方向大致是由低劳动生产率部门到高劳动生产率部门,进一步引致产业部门的变化。具体而言,农业部门的国民收入占比、劳动力数量占比呈现逐渐下降的趋势;工业部门的变化差异相对较小;服务部门的国民收入占比、劳动力数量占比呈现显著的上升趋势。

2) 所有制与产业发展的相关理论

诺斯(1994)的制度经济学框架分析了产权所有制对于经济发展的重要作用。所有制安排是经济主体交易的前提条件,当所有制安排具有效率时,可以降低经济主体的交易成本,促进经济效率提高。此外,经济体需要市场与政府的共同作用,形成高效率的制度安排,促进制度变迁,成为一个良性循环。

哈佛学派的 SCP 范式,实质上从微观角度分析了所有制对产业发展的影响。按照 SCP 范式,企业行为决定了企业的绩效,而企业行为由市场结构决定,那么企业行为是其中的关键因素。而经济体制是影响企业行为的重要因素,所有制安排即是经济体制的微观表征。因此,所有制结构通过影响企业在市场竞争中的决策与行为进而产生不同的企业绩效,最终引起产业结构的调整与变动。

2.2.3　产业结构调整的体制因素

国外许多研究都涉及了经济体制和产业结构调整的问题,可以归纳为以下几个方面。

第一,资源配置方式的不同将引起产业的结构调整。Nicolson(1992)认为,经济体制深刻地影响了资源配置方式,相对于市场自发力量作用,更为显著地影响了经济发展与生产效率的转变。Kuznets(1992)认为,发展中国家存在生产要素流动性差、生产要素报酬均等化等问题,这不利于产业结构的调整优化。Chenery(1996)认为,经济体制的变化会引起激励机制的变化,进而改变不同经济部门中劳动力、资本、自然要素的供给与使用,从而影响经济的发展。

第二,所有制结构变化引起产业结构调整。Luis(1992)认为,所有制安排会通过影响经济主体的决策,包括要素投入数量、产品生产量、技术的开发与应用等,进而使经济主体面临不同的利润水平,最终影响生产方面和产业结构的变化。Vicks(2006)通过"委托—代理"理论框架分析了产业所有制结构作用于产业绩效的机制。如假定产业中的企业由国有企业与民营企业组成,当所有制结构出现变化时(产业中的国有企业逐渐转为民营企业),在相对完善的市场机制及监管机制下,企业代理人为节约成本会进行创新活动,使得企业建立正常的学习与演进机制,并提升了企业应对市场竞争的能力。即当产业中的国有比重逐渐下降、民营比重逐渐上升时,整个市场的资源配置效率也会随之上升,产业结构不断调整与优化。此外,完善的市场机制是所有制结构不断优化的前提条件,将使所有制结构不断变化,从而引致产业结构的调整与优化(孙早,2011)。

国内学者着重分析了产业结构调整与体制因素的关系,可以归纳为以下几个方面。

第一,政府主导资源配置的经济体制对产业结构的影响。建国初期,我国通过抑制市场作用、扭曲要素价格形成了资源集中分配的计划经济体制,实现了优先发展重工业的目标,但同时也产生了产业结构失衡、产业发展方式粗放等问题(林毅夫、蔡昉,2003)。"要实现产业结构升级,需要发挥市场配置资源的基础作用,进而遵循市场决定的比较优势选择相关产业,才能促进资本积累、技术进步,进而实现禀赋升级,最终实现产业的转型升级。"(孙晓刚,2001;吕铁,2001;刘拥军,2005;陈飞翔,2007;张其仔,2008;刘晓红,2008)。

第二,所有制改革引起产业结构调整。所有制的变化决定了参与市场竞争主体的多元性,影响了市场结构的调整并提高了发展效率,进而推动了产业的发展。从我国的发展经验看,非公有制经济所占经济比重不断上升,激活了市场竞争并改善了市场结构,使产业结构得到调整和优化(沈坤荣,1999;张亚斌,2001;朱光华、陈国富,2001;洪银兴,2002;余东华,2006)。

第三,经济体制变迁与产业发展。"我国经济体制改革先后经历了计划经济体制、转轨经济体制与市场经济体制的发展阶段"[①],不同发展阶段下的资源配置方式与所有制安排影响了产业发展。较多学者认为,我国现处于市场经济体制的完善阶段,但受传统计划经济体制的影响,政府主导资源配置的发展模式造成了经济发展效率低、产业发展粗放的问题(邹东涛,2008;张鹏飞,2011;张明、谢家智,2014;王文甫、明娟、岳超云,2014)。我国产业结构失衡的深层次原因在于忽视市场配置资源的决定作用,过分依赖于集中的经济管理体制,要充分进行经济体制的改革才能真正推进产业结构优化升级,而经济体制改革的核心则是恰当处理政府与市场的关系(吴敬琏,2001;白永秀、王颂吉,2013)。此外,还有学者运用实证方法验证了这一观点,例如周业安、赵坚毅(2004)通过构造市场化指数,验证市场化程度与产业结构变化之间的关系,发现我国经济体制改革的市场化程度与产业结构的调整存在长期的均衡关系,支持了经济体制改革是我国产业发展的关键因素。

还有较多学者探讨了所有制改革对产业发展的影响。新中国成立伊始,为了推行赶超实现重工业化,国有企业应运而生,虽然带来了经济的高速增长,但是其弊端也日益显现(林毅夫、刘培林,2001)。因此,要对所有制进行改革,明晰产权、理顺政企关系、避免所有制歧视等才能真正提升经济效率,进而实现产业发展(黄群慧、余菁,2014)。具体而言,关于我国所有制改革的研究可以归纳为以下方面。第一,要进行所有制结构改革,鼓励多种所有制多元化共同发展,形成良好的市场竞争环境与市场结构,充分发挥市场的激励机制,促进企业提高生产效率与创新,推进产业发展(戚聿东,2013)。第二,要进行所有制实现方式的改革,建立现代企业制度,明晰产权,理顺政企关系,改变政府干预企业的管理模式,避免政策性负担与预算软约束,使国有企业脱离体制内保护,真正成为参与市场竞争的主体,成为经济发展的中坚力量(白重恩,2006;龚强、徐朝阳,2008;黄速建,2008)。第三,推进所有制改革,完善市场竞争环境,促进企业成为参与市场竞争的主体,才能激励企业不断进行创新活动,实现企业与产业

---

① 王瑞荪. 中国的经济体制改革[M]. 北京:人民出版社,1982:6-8.

转型升级。

2.3　新产业革命对产业转型升级的影响

本节立足于新产业革命对于世界经济格局影响的全球视野,结合我国基本的产业发展国情,通过案例研究探讨新产业革命对我国经济结构和产业发展正面、负面两方面的影响,分析新产业革命带给我国未来经济发展的机遇和挑战。

2.3.1　生产方式的变革:产业链重构

新产业革命下工业生产方式将发生巨大的变化,并改变未来世界经济发展的格局(胡少甫,2012)。具体而言,高新技术与制造业的融合将削弱劳动力成本在生产成本中的比重,加重技术优势,特别是高端智能技术、能源技术、数字技术优势在生产中的重要性,使得发展中国家逐渐丧失在制造业中劳动成本的优势,而发达国家逐渐重新获得实体经济发展的核心地位,从而重塑比较优势,改变全球产业分工与贸易格局,解构产业关系,革新经济地理,使全球利益分配重新洗牌(周洪宇,2013)。

同时,新技术的广泛应用将降低制造业对廉价劳动力的依赖,单纯以劳动力成本获得的比较优势将越来越不明显。制造业的区位选择将使发达国家重新获得制造业优势,制造业加速回流成为当地产业,可能会出现三位一体,即市场、制造和设计集中在一个地方。因而比较优势重塑,全球产业分工与贸易格局得以改变,现有产业关系解构,全球利益重新分配都将不可避免(杨雪锋,2012)。

2.3.2　商业模式的演变:价值链重构

新产业革命将对市场需求和生产方式产生巨大影响。一方面,新产业革命将会通过标准化的设计和生产流程生产出满足客户特殊需求且成本可接受的产品,提供经济实惠的产品。需求端信息的多种表达将可以直接参与生产,使得制造业由集中制生产向分散制生产转型,出现大规模定制,产品将更加个性化,以符合个体客户的实际需求。如3D打印技术使得个人定制化需求可以被满足,将作为一种补充而冲击现有的规模标准化生产模式(周洪宇,2012;王元,

2013)。

另一方面,新产业革命将以信息技术为基础,新能源技术、网络技术、智能技术等多技术、多学科融合产生的技术变革,使得新一轮产业革命具备了全面改造生产形态的能力,对既有生产模式将带来巨大冲击,制造业将向着智能制造、互联制造、定制制造、绿色制造转型(蔡春林、姚远,2012)。如由于云计算和大规模数据库的出现,包括智能机器人的技术发展,使得制造更加智慧,更加灵巧。此外,新能源和新技术的应用还将改变目前生产的能耗模式,将大大增加清洁能源在能源使用中的比重,更高效的生产模式也将降低生产对能源和环境成本的依赖。这种生产方式的变革重新定义了消费者对产品的理解,并催生出新的市场需求。如阿里巴巴通过金融与互联网的融合,针对小微企业资金运用短平快的特点,创造性地提出阿里金融,为相关企业提供贷款,可以说是创造了需求。

这种生产方式和市场需求的变化,不仅重构了价值链,并且通过产业融合衍生出新的商业模式。产业融合产生于一个或多个不同的价值链点,如采购、生产和分销,并使原有的价值链条被打破。随着产业融合的进行,以前各产业所特有的价值链中的核心阶段将会被挑选出来,重新组合成一条新的价值链。而企业的商业模式是相对于企业在价值链中的定位来构造的(吕铁,2012)。产业融合催生的新的产业价值链必将对企业的商业模式发展产生影响。在产业融合发展的过程中,价值链各方在竞争中博弈,以求在新兴的产业价值链中占据有利地位(黄阳华,2012)。因此,产业融合蕴含着新的商业模式的诞生,生产要素和生产条件的"新组合"转入了生产体系,对企业原本的商业模式产生了创造性的破坏。新产业革命的重要特征在于产业的融合,如3D打印技术与分布式能源技术、互联技术、新材料等多种齐头并进的高新技术结合,形成单机分布制造状态等(冯飞,2013)。

2.3.3　劳动市场需求变革:人才链重构

新产业革命下新技术的应用与新产业的出现将不可避免带来对投入要素的新要求,使得要素的需求结构发生重大变化,尤其是对于劳动力需求的结构将产生巨大的冲击。

首先,制造业的转型将加大对技术工人的需求。制造业与高技术、服务业的融合,意味着从事智能技术、物流业务、营销网络构建等将具有更为广阔的利润空间。相应的,对于 IT、物流等有专项技能的技术人才将出现巨大的需求(陈祎森,2012)。

其次,产业融合导致的商业模式创新将加大对优秀企业家的需求。产业融合是新产业革命的特征之一,产业融合需要有企业家精神、对市场有敏锐判断的优秀企业家进行推动;同时,产业融合必将催生出新的商业模式,也需要有营销能力的企业家进行推广。

最后,新产业革命对高新技术的依赖将加大对科技人才的需求。产业革命往往发生在技术革命之后,高新技术是产业革命产生的必要条件;同时,新产业革命的产业融合大多在于高技术与制造业的融合,也需要有大量的科技人才作为支撑,以保证产业融合过程中的技术可实现性(王宏广,2013)。

2.4 新产业革命给我国产业转型带来的挑战和机遇

根据演化经济学相关理论,由于新技术体系处于早期阶段,发展中国家如果能够以更快的速度进入新技术体系,就能实现跳跃式发展,甚至有可能取代先行者的技术和制度领导地位,此即为二次机会窗口。我国正处于经济转型和产业升级的关键时期,新产业革命给我们带来了二次机会窗口。在新产业革命的推动下,我国的市场潜力将得到更大程度的发掘,制造业将趋向于信息化、智能化,第二、第三产业趋向于融合,高能耗的生产模式逐渐被淘汰,这将催生新的产业群体和经济增长点,我国经济将迎来一次增长方式转型的历史良机。

但在给我们带来巨大机遇的同时,新产业革命也带来了更多的挑战。我国工业基础跟发达国家相比仍存在不小的差距,技术结构、人才结构还有待优化,承接全球研发中心转移、参与价值链重塑的任务仍显得任重道远。此外,我国企业在新产业革命下必定会采取走出去的发展战略,跨国延伸产业链,争夺海外市场,并通过并购的方式获得先进技术。这就对我国企业的国际化运营水平,以及对国内外文化差异的适应提出了新的挑战。新产业革命的到来将对我国现有产业的技术内涵、生产方式、国际竞争力等方面提出新的要求和挑战,也将带来巨大的发展机遇。

2.4.1 新产业革命给我国产业转型带来的严峻挑战

首先,新产业革命将对我国的技术创新提出了全新的挑战。我国的工业素质、产业素质同世界发达国家相比还有较大差距,在社会心态上也缺乏做精做细的现代工业精神(金碚,2012)。在新一轮产业革命中,随着工厂生产自动化程度不断提升,个性化定制比重不断加大,产业发展更需要能看懂图纸、能理解订单要求、能调整机器参数、能修正错误误差的创造型工人。从目前的情况看,中国产业工人的人力资源状况还不能适应新兴产业发展的要求,这也是可能造成中国经济增长断档的潜在风险因素。王昌林(2013)从新一代信息技术角度分析,认为云计算、物联网、移动物联网等新技术、新商业模式的发展,以及集成电路、显示技术等产业的换代演进,给我国信息产业提升核心竞争力带来了机会,特别是在互联网应用等信息技术服务领域面临较大的机遇。但总体上看,我国与发达国家差距较大,且面临跨国公司知识产权壁垒和技术封锁,要在操作系统、大规模集成电路等核心基础领域打破现有垄断格局,从根本上改变信息产业"缺芯少肺"的局面,实现突破性发展的难度很大。

其次,新产业革命将给我国现有生产方式带来强大的冲击。蔡春林、姚远(2012)分析指出,新产业革命带来的技术变革,将会使制造业工厂建在靠近原材料或市场的地区,制造业回归本土是毋庸置疑的必然趋势。如果中国不能顺应这一趋势,积极投身新技术变革,那么,中国的制造业乃至整个经济发展将会受到严重的负面影响。冯飞(2013)认为,新产业革命对于中国这个世界工厂而言是具有挑战性的。第一,新工业革命带来的个性化生产对制成品将产生重大影响,我国的产业结构必然受到冲击。第二,中国是经济全球化的最大受益者,但原有的按价值链、产业链分工的格局将发生变化。新工业革命数字化制造则要求生产企业具有应对市场变化的快速反应能力,这对我国产业和企业都是一个巨大的挑战。第三,新工业革命的核心要素是高技术的劳动力。比如数字化制造推动整个劳动就业需求结构产生重大变化,一线的蓝领工人越来越少,大量的人去编程,去操纵数字化和智能化设备。近几年,美国制造业中的普通劳动力数量是下降的,而受教育程度高的劳动力数量是增加的。

最后,新产业革命将会瓦解我国目前制造业的成本优势。我国在高端制造业方面迟迟未能取得突破,获得不了新的比较优势,这使得现有模式下我国制造业的国际竞争力要面对巨大压力。朱启贵(2013)系统分析了新产业革命的到来对我国世界工厂的地位提出的严峻挑战。一是我国制造业企业整体仍处于产业中低端水平,现有比较优势或将逐步丧失。二是我国工业研发投入仍显不足,抢占市场先机面临较大的技术障碍。欧美发达经济体长期以来积累的研发优势使其抢占了技术制高点,并借此在相关技术的各种指标上设定的所谓国际标准,更是对我国制造业向高端发展形成了明显阻碍。三是发达经济体的再工业化战略进一步加大了我国制造业推动战略转型的难度。吕铁(2012)总结新产业革命对中国制造业的冲击时指出,我国将面临比较成本优势加速削弱的风险。陈祎森(2012)也指出,中国制造业缺乏科技创新的灵魂,所依赖的人工成本和基础资源成本的优势已经式微。中美成本差距日益缩小,导致美国制造业回流。

综上所述,新产业革命对我国的产业发展乃至整体经济发展所提出的挑战的广度与深度都是前所未有的,使得我国转变经济增长方式、提升产业的技术内涵变成了一项急迫而关键的任务。我国的产业生产模式要尽快适应这种信息化、精密化、定制化的发展趋势,不断扩大信息技术、数字技术在生产中的应用,不断调整经济发展的比较优势,使得我国尽快建立起能够适应未来产业竞争的要素结构、产品结构,冲破中等收入陷阱带来的直接威胁。

2.4.2 新产业革命给我国产业转型带来了巨大机遇

新产业革命为中国带来了巨大的竞争压力,同时也为我国产业转型升级、转变经济增长方式、加快融入世界经济格局、提高产业竞争力提供了历史机遇。

首先,新产业革命在对中国制造业提出新的挑战的同时,也为中国实现跨越式发展打开了机会窗口(罗宁,2012)。根据演化经济学家卡萝塔·佩蕾丝(Carlotta Perez)提出的"第二种机会窗口"的观点,新技术体系处于早期阶段时,发展中国家如果能够以更快的速度进入新技术体系,就能实现跨越式发展,甚至有可能取代先行者的技术和制度领导地位,这是美国和德国在技术革命刚开始时并不占据技术发明先机的情况下超越英国的原因。因此,对于我国的新型工业化道路来说,"第二种机会窗口"至关重要(贾根良,2012)。对中国产业转型升级的重点问题包括产业结构调整、产业组织优化、技术创新突破、高端要素配置、新产业新业态发展等都将带来重要影响(吕政,

2022)。

　　其次,我国有一定的科技研发、储备的基础,只要把握好机遇,制定好发展规划,就完全可以把战略上的机遇落实成产业发展的未来。我国学者在冷静分析目前我国新兴产业发展问题的同时,也在我国科技实力能否支持未来产业发展的问题上持乐观态度。如王昌林(2013)指出,虽然当前光伏、风电产业存在比较严重的产能阶段性过剩问题,在部分关键核心技术领域与世界先进水平还存在较大差距,但从长期来看,能源转型是必然趋势,通过激烈的市场竞争,我国完全有可能突破关键核心技术,涌现出一批具有国际影响力的跨国经营大企业。综合判断,新能源领域是我国最有可能实现突破的领域。

　　最后,新产业革命将在我国产业现代化发展、经济增长方式转型等方面发挥积极的推动作用,产生深远的影响。新产业革命将催生一大批围绕信息技术、新制造技术、新材料技术的新兴制造业,这些产业虽然属于工业中的制造业,但要素投入量和要素结构却非常适合城市的资源供给特征,也特别适合中国制造业面临的资源现状,这些行业的发展和壮大也有助于中国制造业突破日益趋紧的要素约束。

　　综上所述,新产业革命为我国的经济发展提供了一次难得的历史机遇,它将引导我国经济在已有的发展基础上加快产业融合的程度,提高产业现代化的水平;并且会催生出一大批具有科技前沿水平的产业集群,大大提升我国产业在世界产业链、价值链中的地位,改变过去高能耗、低附加值的产业发展模式,提高我国经济发展的质量和内涵,创造出新的经济增长点,维持我国经济快速增长的良好势头。

2.5　本章小结

　　关于产业转型升级的内涵、影响因素、测度指标,已有文献进行了较为充分的研究。在借鉴已有文献研究的基础上,本书认为产业转型与升级是产业发展过程中的两种状态,产业转型往往包含产业升级,而产业升级也可能带动产业转型。因此,产业转型与产业升级是两个相互联系、相互区别的概念,决不能简单地割裂开来看。鉴于此,产业转型升级的测度指标一方面应体现产业结构的优化调整,另一方面应体现产业发展效率与质量的提升。本书将从宏、微观层面共设定三个指标以反映转型升级的程度:从宏观层面需反映产业结构的合理程度以及工业发展效率与质量,分别采用第三产业与第二产业的产值比、工业生产率指标(全要素生产率)来衡量;从微观层面需反映企业的转型与升级,采用企业技术创新指标来衡量。

关于产业转型升级的体制机制方面的研究汗牛充栋,较多文献研究了产业转型升级的影响因素,以及我国体制机制存在的问题,但没有进一步系统地研究体制机制问题对产业发展的影响。因此,将理论研究与实证分析追溯到两者关系的本质,挖掘其内在运行机制,具有一定的研究意义。下文将从政府与市场关系这一经济体制的核心问题出发,系统分析其影响产业转型升级的体制机制创新。

第3章

我国产业转型的瓶颈问题与体制障碍

当前,我国经济发展正进入新的发展阶段,工业化水平、需求条件及比较优势都发生了深刻变化。随着新产业革命的深入推进,产业发展所需的新技术、新的生产方式、新的商业模式正在涌现,给我国传统的产业发展方式带来了挑战,产业转型升级迫在眉睫。因此,找出我国产业发展过程中的瓶颈问题及其背后的制约因素具有现实意义。

本章对我国产业转型升级的现状与瓶颈问题进行了梳理,为后续章节的研究分析提出问题。从结构上来看,首先,概述了我国产业转型升级的现状及瓶颈问题;其次,介绍了产业转型升级问题的体制背景;最后,探讨了产业转型升级问题的根源是体制机制问题。

3.1 我国产业转型升级过程中的主要瓶颈问题

长期以来,我国致力于推进产业结构调整,但仍存在体制性产能过剩、产业发展空间受制约、存在大量"僵尸企业"等问题,成为制约我国产业转型升级的瓶颈。

3.1.1 投资扩张导致体制性产能过剩

自20世纪90年代以来,产能过剩成为困扰我国产业发展的痼疾之一,给我国产业结构调整和生产资源配置带来了不利影响。特别是2008年金融危机后,外需不振使得钢铁、平板玻璃、有色金属等产业的发展陷入困境,导致产能过剩的问题更为严重。为了缓解经济下行与产业发展不振的压力,我国政府出台了一系列刺激经济的政策措施,如制定了"四万亿计划"①、振兴产业发展规划、宽松货币政策等。这些刺激政策虽然催生了巨大的投资需求,为钢铁、建材、水泥等传统产业带来了发展机会,但同时也刺激了这些产业的盲目投资、粗放式规模扩张,进一步加剧了我国产能过剩的问题。根据工信部公布的调查数据,2016 年年末,我国粗钢的产能约达 11.86 亿吨,而全国消费量却只有约 8.08 亿吨,企业的平均销售利润率仅为 0.13%,企业亏损的比重高达 41%。从图 3.1 可以看出,2011 年以来,我国粗钢的产能依然逐年上升,但是粗钢产能利用率一直低于危机前水平,且在 2016 年跌至谷底。这说明一方面,我国粗钢对外依存度高;另一方面,政府政策对我国粗钢生产的影响作用较大。虽然在政府引导的投资刺激下,我国粗钢产量得到一定程度的回升,但还是不能改变严重过剩的趋势。

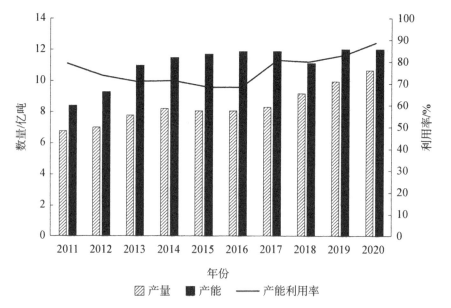

图 3.1 2011—2020 年我国粗钢的产量、产能和产能利用率

数据来源:根据工信部公布的数据整理。

---

① 2008 年 11 月,我国政府推出了进一步扩大内需、促进经济平稳较快增长的 10 项措施。初步匡算,实施这十大措施,到 2010 年年底约需投资 4 万亿元。随着时间的推移,中国政府不断完善和充实应对国际金融危机的政策措施,逐步形成了应对国际金融危机的一揽子计划。此后,一些媒体和经济界人士仍将其简单地解读为"四万亿计划"。

除了传统产业出现产能过剩的问题外,部分新兴产业同样出现了产能过剩的现象。为了培育新的经济增长点,我国政府提出了大力推进战略性新兴产业发展的规划①。据不完全统计,"十二五"期间,国务院及其下属部委共颁布了439 项支持新兴产业发展的政策措施,占政策总量的 10.9％②。各地方政府也相继出台相关政策措施。据统计,2013 年全国 34 个省都制定了发展新兴产业的计划,而且"超过 90％的地区选择重点发展新能源、新材料、电子信息、生物医药产业"③。在一系列政府优惠政策措施的驱动下,各地区新兴产业的投资项目一哄而上,使得企业产能迅速扩张。然而国内新兴产业终端需求市场尚未成熟,加上国际市场需求疲软,国内新兴产业产能过剩的现象开始显现。以风电产业为例,在金融危机之前,我国风电产业经历了一个飞速扩张的阶段,2005—2007 年的增长率甚至超过 150％,特别是 2009 年,我国新增装机容量超过美国,当年新增风电装机容量世界第一,累计装机容量全球第三④。然而前期企业的蜂拥进入、市场需求有限的情况,使我国风电行业过度进入的现象尤其显著。2008—2012 年的产能利用率一直低于 60％,产能过剩较为严重。

从上文分析可以看出,传统产业或新兴产业都出现了产能过剩的现象,政府刺激经济的政策对产业发展具有较大影响,却并不能改变产能利用率下降的趋势。究其原因,政府不当的干预扰乱了市场调节、退出等机制,从而导致产能过剩问题进一步恶化。下文将详细分析体制性产能过剩形成的体制基础及机制。

3.1.2　需求结构不合理制约产业发展空间

由上文分析可知,在我国政府一系列优惠政策的驱动下,各地方出现了过高的投资需求,进而造成产能过剩的问题。相比过热的投资需求,消费需求对我国经济发展的拉动作用明显不足。随着我国跨入中等收入国家行列,我国总

---

① 2010 年 10 月,国务院发布了《国务院关于加快培育和发展战略性新兴产业的决定》;2012 年 5 月,国务院制定了《"十二五"国家战略性新兴产业发展规划》,进一步明确了七大战略性新兴产业。

② 根据《中国战略性新兴产业发展报告》、国家统计局相关产业统计数据、国家发展和改革委员会公布的相关产业数据整理。

③ 中国产业发展研究院. 2013 中国产业发展报告[M]. 上海:上海财经大学出版社,2014.

④ 中国产业发展研究院. 2014 中国产业发展报告[M]. 上海:上海财经大学出版社,2015.

体上应进入消费加速型社会发展阶段。

按照发达国家的发展经验,消费率通常会出现明显的增加,而后比较平稳地保持在一个较高的水平,成为驱动经济发展的主要动力。然而根据数据测算,目前我国最终消费率不足 50%,而这一指标在世界主要的中等收入国家平均达到 60% 以上,因而我国的消费率远低于世界平均水平,并且呈现下降趋势[①](见图 3.2)。此外,消费需求对我国经济发展的拉动作用有限,我国过度依赖投资需求驱动经济增长(见图 3.3)。

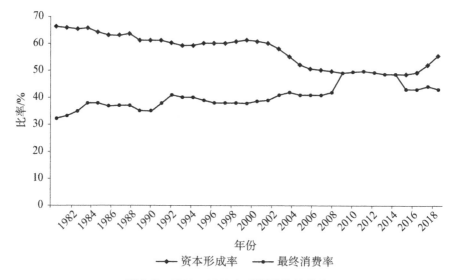

图 3.2　1982—2018 年我国最终消费率

数据来源:历年《中国统计年鉴》。

可以看出,需求结构的不合理制约了我国产业结构的调整和优化。一方面,过分依赖投资需求会造成产业发展方式粗放、产能过剩的问题;另一方面,消费需求不振将限制服务业的发展空间,使产业发展进程滞后。此外,消费需求空间受限使得大量资金流向投资领域,特别是低附加值产品产业。因此,消费需求不振将强化投资驱动型增长模式,使产业发展陷入恶性循环的发展方式。

---

① 中国产业发展研究院. 2014 中国产业发展报告[M]. 上海:上海财经大学出版社,2015.

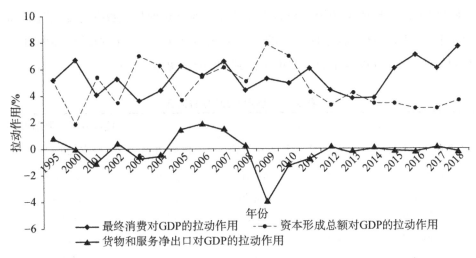

图 3.3　1982—2018 年我国三大需求对 GDP 增长率的拉动作用

数据来源：历年《中国统计年鉴》。

3.1.3　政策过度保护形成大量"僵尸企业"

前文分析可知，政府的不当干预引起的投资扩张，造成了宏观层面的产能过剩问题。从微观角度看，政府过度干预企业行为，特别是给予亏损企业补贴、银行续贷等过度保护措施，扰乱了亏损企业退出市场的机制，形成了大量的"僵尸企业"（zombie firms）[①]，严重制约了我国产业结构的调整与优化。

一方面，"僵尸企业"的大量存在，制约了行业去产能的进程。在正常市场机制的作用下，行业的产能水平与需求基本匹配，并随着市场需求的变化而做出相应调整。例如，当市场需求大幅下降时，落后的产能逐渐被淘汰出市场，该行业内的企业自然倒闭，直到行业产能与市场需求匹配为止（何帆、朱鹤，2016）。我国政府为了追求经济发展、实现就业等目标，过度干预企业的投资、进入、退出决策，并集中在能快速带来经济增长的行业，从而造成了这些行业盲目投资、产能过剩等问题。而政府为了维持没有市场生存能力的企业，给予相关企业直接补贴或让银行继续放贷，使得市场去产能的机制无效，进一步恶化了产能过剩的问题。此外，"僵尸企业"为了经营需要，往往还倾向于扩大产能，

[①] "僵尸企业"是指本应退出市场的企业，受到政府补贴或银行续贷等非市场因素的影响，得以继续维持生存的企业（Caballero et al., 2008）。

不断增加投资,形成了产能过剩的恶性循环。通过整理相关数据可知,我国"僵尸企业"所占比重较高,亏损 3 年的企业甚至占到 11.1%,特别是在能源开采与制造业行业,亏损 3 年的企业更是占到 12.6%(见表 3.1)。

表 3.1　"僵尸企业"分布情况

企业亏损程度	所有行业			能源开采与制造业
	数量(个)	所占比重(%)	数量(个)	所占比重(%)
正常企业	1 663	68.10	1 073	65.40
亏损 1 年	309	12.60	215	13.10
亏损 2 年	201	8.20	146	8.90
亏损 3 年	270	11.10	206	12.60
总计	2 443	100	1 640	100

数据来源:国泰安数据库。

另一方面,"僵尸企业"会形成劣币驱逐良币的效应。当行业发展不景气时,行业内的企业都承受着较大的经营压力,而"僵尸企业"在政府补贴和银行续贷的支持下,获得了抵抗亏损的能力,逐渐将发展良好的企业挤出市场。在此情况下,政府为刺激经济发展,银行为维持资金运营,将更多资金投入"僵尸企业",从而形成了"僵尸企业"驱逐良好企业,并得到更多资金支持的恶性循环。可以看出,在我国政府对"僵尸企业"的过度保护下,造成大量长期亏损企业难以正常退出市场,并将发展良好的企业挤出市场,制约了产业结构调整优化的进程,降低了我国经济增长的长期动力。

3.2　我国产业转型升级瓶颈问题的体制背景

3.2.1　赶超战略对我国体制的遗留影响

新中国成立伊始,受当时主流意识形态的影响,我国提出了优先发展资本密集型重工业的发展战略[①]。由于重工业的生产具有资本投入高、周期长、技

[①] 第二次世界大战后初期,为快速实现工业化,发展经济学提供了多种思路和政策建议,大体上可以总结为:首先,在储蓄、资本积累等方面,采取诸如金融压抑政策以集中金融资源;其次,农业部门的主要作用在于为国家工业化提供充足的劳动力以及原始的资本积累,因而政府需要通过扭曲(转下页)

术需求高等特点,而我国当时的要素禀赋结构并不满足发展重工业的条件,如缺乏足够的资本供给、市场形成的高利率、廉价充足的劳动力等,我国政府为实现重工业化目标,构建了一套"宏观上扭曲价格信号、行政上计划资源配置、微观上控制企业自主权的三位一体的计划经济体制"[①]。在这一体制机制下,政府通过扭曲要素价格如压低利率和汇率、降低生产要素和工资等政策,维持重工业的生产;通过一系列的计划配置制度如金融管理制度、外汇管理制度、物资管理制度,解决因要素价格压低所带来的短缺经济;通过掌握企业的自主权来实行政府的生产、配置安排。历史发展的经验表明,在新中国成立之初,计划经济体制对于稳定我国国内经济形势、实现重工业化等方面,发挥了重大的作用,由此,我国建立起了比较完整的工业体系以及国民经济体系。但计划经济体制下的资源配置方式本身具有相当大的局限性,如其导致盲目扩张的投资、粗放低效的生产方式等,这严重制约了产业结构的优化调整。此外,无自主权的企业失去了追求技术进步的动力与压力,这也成为产业转型升级的主要障碍。

自改革开放以来,我国经历了长达 40 多年的经济体制改革,先后经历了从计划经济体制到转轨经济体制,再到社会主义市场经济体制的初级阶段,又到目前中国特色社会主义市场经济体制的完善阶段。尽管粗放型的经济增长方式已出现明显改观,但渐进式改革模式仍不免受计划经济体制的影响。"强政府"的发展模式催生了低水平重复投资和生产,进而产生了产能过剩等一系列问题。可以看出,赶超战略对我国体制产生的遗留影响实质上还未根本消除。

3.2.2　我国产业转型升级的体制基础

新中国成立之初,我国为优先实现重工业化,逐渐形成了强政府的体制模式。虽然此后进行了长达 40 多年的经济体制改革,但政府仍不可避免地成为经济投资的主体,进而形成政府主导型发展模式,制约了产业发展的进程。之

(接上页)市场以干预市场,实现重工业部门优先发展。通过研究发现,战后的五六十年代,新成立的发展中国家所采取的经济政策呈现出一定程度的相似性,例如对重点发展部门进行国有化,实行金融压抑政策,实行向城市和工业企业倾斜,等等。

① 林毅夫. 解读中国经济[M]. 北京:北京大学出版社,2012:80.

所以出现这些问题，主要基于以下体制原因。

1）财政分权体制下的利益驱动

随着推进放权让利改革以及实施财政分权体制，我国地方政府被赋予了"准市场主体"的角色，并基本具备了"经济人"的特征，即地方政府以追求当地经济增长、就业率增加等为目标，通过拉动投资数量和投资项目等方式实现利益目标。在财政分权体制的利益驱动下，地方政府倾向于直接干预企业管理，为企业提供廉价生产要素及优惠政策与补贴，逐渐与各级政府、所管辖企业形成了一个类似大型企业的共同体，呈现出"法团化"[①]的趋势（江飞涛，2012），这构成了我国经济发展微观层面上的体制基础。

2）以经济增长为考核重心的官员晋升体制下的动力

我国以经济增长为考核重心的官员晋升体制可以看成晋升锦标赛模型，官员晋升会带来行政权力及经济利益的差异，并且官员之间存在较为激烈的竞争关系（周黎安，2020）。地方政府官员在晋升体制的激励下，大力推进本地经济发展，展开了地区间政治权力与经济利益的竞争。例如，地方政府通过压低本地生产要素价格，提供更优惠的招商政策与补贴，吸引更多的投资项目落户本地。这种激烈的竞争确实推动了经济的快速增长，但一味追求经济增长也必定会损害社会效益、环境效益等，造成地方间重复建设、盲目投资、产能过剩、产出效率低等问题。

3）模糊产权及预算软约束等非规范的制度环境

财政分权体制与以经济增长为考核重心的晋升体制为政府干预经济提供了驱动力，而模糊产权、金融预算软约束等一系列非规范的制度环境为政府干预经济提供了实现的渠道。具体而言，在经济发展过程中，中央政府由于无法全面涉及地方各个层面的经济活动，使得地方政府拥有较为充分的自主权发展当地经济，这也产生了一些诸如模糊产权、金融预算软约束等非规范的制度环境，实质上变相地提供给地方政府巨额的补贴（李军杰，2005）。因此，在这些非

---

① "法团化"是指地方政府直接介入经济、担任管理企业的角色的过程。各级政府、政党与所辖企业形成了一个类似大型企业的利益共同体。在经济转轨时期，先有党、政、地方企业，后来又有地方民营企业，它们相互结合，形成一定意义上的法团组织，构成了中国经济改革微观层次上的制度基础。在一般的情况下，具有"法团化"趋向的地方辖区往往把宏观经济稳定、收入分配公平和环境外溢影响都视为外部性问题，并尽可能多地争取外来投资、金融资源、上级政府资助或特别优惠。

规范的制度环境下，一方面，地方政府不惜压低土地要素价格招商引资，使得进入这些产业的企业数目多于市场机制下的企业数目，造成产能过剩的问题；另一方面，地方政府缺少金融预算的约束，倾向于过多投资而过少追求经济效益，并且当企业出现亏损时，地方政府可能会收拾残局，扰乱了市场正常的退出机制，进一步恶化了产能过剩、产业经济效益差的问题。此外，环境的模糊产权提高了地方政府对环境污染的容忍度，放宽了地方的环保标准，这在很大程度上造成了产业高污染、高消耗的问题。

3.3　我国产业转型升级的体制机制障碍

根据上文分析，我国产业发展虽然取得了一定的成果，但产能过剩、投资需求过热、企业生产效益差等问题成为困扰我国产业转型升级的痼疾，甚至在一些新兴产业也出现了类似传统产业发展遭遇的问题。探究这些瓶颈问题形成的深层原因发现，我国产业转型升级之难表面上看是对产业粗放发展路径的依赖，实际上则是我国的体制机制弊端使然。

由于赶超战略的遗留影响，我国逐渐形成了强政府的经济体制。此后，财政分权体制与以经济增长为考核重心的晋升体制为政府干预经济提供了驱动力，而模糊产权、金融预算软约束等一系列非规范制度环境为政府不当干预提供了实现的渠道。在这些经济体制下，政府拥有强大的资源配置与整合能力，并通过一系列政策如刻意压低生产要素价格、提供税收优惠或补贴等，降低了产业的进入门槛，弱化了企业的成本约束，导致了企业盲目过度投资等问题，从而产生了产能过剩、产业发展方式粗放、大量"僵尸企业"等现象。

我国政府也已意识到这些问题，一直致力于通过经济体制的渐进式改革试图突围。但遗憾的是，即使改革的决心日益坚定，也不可避免地依赖于政府介入，使得市场调节产业发展的机制失效。此外，政府在产业政策制定上也存在协调性不够、稳定性不佳、长远性不足等问题，未能充分发挥其应有的作用，同样不利于产业转型升级。简而言之，政府的"越位"与"缺位"，都会制约产业的持续发展。因此，恰当协调好政府与市场的关系，既是我国经济体制改革的核心问题，也是我国产业转型升级能否成功的关键所在。

3.4 本章小结

本章梳理了我国产业转型升级过程中的瓶颈问题,发现产能过剩、需求结构不合理、大量"僵尸企业"等问题已成为制约我国产业转型升级的痼疾,甚至一些新兴产业也出现了类似问题。对于我国产业转型升级过程中存在的诸多顽疾,表面上看是过度依赖粗放的经济增长方式,而往深层次去探究,实际上是我国体制机制弊端使然。此前"赶超战略"所形成的"强政府"的经济体制,加上财政分权体制与以经济增长为考核重心的晋升体制为政府干预经济提供了驱动力,而模糊产权、金融预算软约束等一系列非规范制度环境为政府不当干预提供了实现的渠道。在这些经济体制下,政府拥有强大的资源配置与整合能力,并通过一系列政策如刻意压低生产要素价格、提供税收优惠或补贴等,降低了产业的进入门槛,弱化了企业的成本约束,导致了企业盲目过度投资,从而产生了产能过剩、产业发展方式粗放、大量"僵尸企业"等问题。简言之,在政府主导的经济体制下,产业发展和调整所依赖的市场调节机制无法发挥作用,导致了产业结构调整停滞不前。

第 **4** 章

产业转型的体制机制分析：新结构经济学的解释

政府与市场的关系作为经济体制的核心，通过影响资源配置方式进而影响产业之间要素分配比例的变化，引起产业结构及其技术结构的变动（郭克莎，1996）。新结构经济学从政府与市场的角度分析了产业转型升级的机制。该学派认为，产业发展是一个动态的结构变迁过程，需要通过"有效市场"形成反映要素稀缺性的价格体系，进而引导企业按此价格体系选择具有比较优势的产业与技术；同时也需要通过"有为政府"解决产业结构调整过程中出现的外部性问题、基础设施建设等。只有充分利用并协调好"有效市场"与"有为政府"，才能实现产业结构的不断跃迁[①]。

本章从理论角度分析了产业转型升级的体制机制。首先，概述了新结构经济学的基本内容；其次，在新结构经济理论的视角下，探讨分析了产业转型升级的体制机制；最后，分析了在我国经济体制改革的不同阶段产业结构调整的机制。

4.1 新结构经济学的主要内容与讨论

新结构经济学利用了新古典经济学的研究方法，结合发展中国家的发展经验与教训，对发展经济学理论内容进行借鉴、完善与扬弃[②]。发展经济学认为，经济发展的实质是产业结构变迁与技术进步，并以结构主义研究占主流[③]。旧

---

① 林毅夫.新结构经济学——反思经济发展与政策的理论框架[M].北京：北京大学出版社,2014：7-8.
② 林毅夫.新结构经济学——反思经济发展与政策的理论框架[M].北京：北京大学出版社,2014：10-13.
③ 发展经济学是 20 世纪 40 年代后期，在西方国家逐步形成的一门综合性经济学分支学科，以发展中国家与发达国家结构存在的差异为主要研究对象。

结构经济学认为,发展中国家与发达国家的结构差异主要来源于外部因素如价格扭曲等,并主张政府通过行政手段或扭曲要素价格推进资本密集型产业。新结构经济学利用新古典经济学的研究方法,强调市场机制的基础性地位,认为发展中国家与发达国家的结构差异源于内生的禀赋结构差异,并主张政府要重视市场机制的决定作用,致力于解决市场失灵方面的问题。简言之,新结构经济学所构建的理论分析框架认为,"经济结构内生于经济体的要素禀赋结构,要重视市场反映要素稀缺的基础机制,并发挥政府弥补、解决市场失灵方面的作用"[①]。

新结构经济学认为,经济发展是产业结构变迁与技术升级的过程。在这个发展过程中,市场可以有效地反映要素的稀缺性,进而形成要素价格体系,引导企业选择产业或技术。同时,发展过程中会出现市场失灵、外部性等问题,因而需要政府来弥补市场不能解决的问题,具体包括以下要点。第一,在经济发展的任一阶段,经济体所拥有的要素禀赋决定了经济的产业结构,并且会随着经济的发展而出现变化。第二,在经济发展的任一阶段,市场都应作为资源配置的基础机制,保证企业根据市场决定的价格体系选择产业或技术,这样才能使企业获得竞争优势。第三,产业结构会随着经济发展的阶段而出现变化,需要相应的软硬基础设施环境、减少外部性等条件,这也是市场机制无法调节的方面。第四,政府应该在完善相应的基础设施、减少外部性、降低企业交易成本等市场失灵领域,发挥积极的因势利导的作用。首先,政府应以符合本国要素禀赋结构为原则,选择本国具有比较优势的产业;其次,如果本国企业已经进入这些具有潜在优势的产业,政府要致力于完善该产业发展所需的软硬件基础设施,如建设产业园区、设立技术孵化计划,降低企业交易成本、减少外部性,等等;最后,对于先行技术创新的企业,政府应给予这些企业有效补偿。

新结构经济学的提出引发了国内外学者的激烈讨论。一方面,较多学者充分肯定了新结构经济学的理论分析框架,认为其以发展中国家为研究对象,更符合发展中国家的发展现实(王勇,2022;黄少安,2013),并且特别提出一国产业的选择符合其资源禀赋结构,要重视市场机制的决定作用(林毅夫,2022;杨

---

① 林毅夫.新结构经济学——重构发展经济学的框架[J].经济学季刊,2014(10):2-3.

永华,2013)；另一方面,一些学者认为新结构经济仅为简单的发展框架,一些实质性的内容有待进一步完善与发展,特别是关于有为政府方面,存在概念界定不严谨、逻辑不清晰等问题(黄少安,2013；杨军,2014)。

新结构经济学还引起了产业学界的争论,林毅夫与张维迎关于产业政策的争论备受学者关注,他们争论的焦点在于政府是否应该运用产业政策干预经济发展。受媒体宣传的误导,许多学者认为"林张之争"存在针锋相对的对立点,即张维迎认为经济发展要以市场机制为基础,政府在有限范围内解决市场失灵所带来的问题,而林毅夫认为政府应该主导产业发展方向,制定一系列产业政策,促进产业结构不断优化升级。实质上,林毅夫在新结构经济学中一直强调市场机制的决定作用,并认为只有"有效市场"才能形成反映要素稀缺性的价格体系[①],并引导企业做出产业选择,从而获得竞争优势。之所以被有些学者误解,原因在于林毅夫提出了"有为政府"的概念,暗含其假设前提是政府是全心全意谋发展的[②],却忽略了政府有时候不一定是"好人政府"。在受到其他学者质疑"有为政府"的界限、如何保证"有为政府"时,他却提出要通过制定一系列产业政策来保证政府有为,这才让媒体断章取义、让很多学者误解,以至于成为矛盾争议点。本书认为新结构经济学的初衷应该是如何构建有为政府,而不是政府主导产业政策。因此,"林张之争"并没有针锋相对的对立点,恰恰相反,在很多方面存在一致的观点,如市场机制的决定作用、政府应致力于解决外部性等方面。学者们更应该关注的是如何设计有为政府的激励机制与制度,这也是本书试图完善的内容与方向。

综上所述,新结构经济学为发展中国家推进产业转型升级提供了有益的思路,特别是对于政府与市场在产业发展过程中的作用,提出了较为全面的阐述,但有些内容还有待于进一步充实与完善。本书将在新结构经济学的理论基础上,分析我国产业转型升级的体制机制,并进一步提出相关体制机制创新,这也是对理论的运用与发展。

---

① 林毅夫.新结构经济学——反思经济发展与政策的理论框架[M].北京:北京大学出版社,2014:7-8.
② 张曙光.市场主导与政府诱导——评林毅夫的《新结构经济学》[J].经济学:季刊,2013(12):1079-1084.

4.2 新结构经济学下产业转型升级的体制机制分析

4.2.1 有效市场对产业转型升级的决定作用

就产业升级而言,有效市场的促进作用可以从供给和需求两个角度来分析。

从供给角度看,有效市场能够形成反映资源稀缺性的价格体系,进而引导要素充分流动,由此显现出具有比较优势的产业。当企业选择符合要素禀赋结构的产业和技术时,企业便自然而然获得竞争力。随着持续的生产与经营,具有竞争力的企业可以获得更大的市场份额以及积累更多的资本。另外,在市场需求有所保障的前提下,这些企业将不断积累的资本、吸引的人才等生产要素进行再生产,并在这一过程中实现要素禀赋结构和产业结构的升级。根据上面的逻辑,无论在哪个发展阶段,市场都应该成为基础性的配置机制。

从需求角度看,市场需求可以分为消费需求与投资需求两个方面。就消费需求而言,其结构升级可以诱导产业结构调整,产业结构调整又导致居民收入提高,收入提高再次推动消费升级。消费结构升级与产业结构调整之间这种不断正向反馈的交互作用,促使产业向更高层次不断跃进。而就投资需求而言,其涉及两种效应影响产业发展:一是资金投资的过程是资金不断投入基础建设、产品消费等领域,这一过程必然会引发生产资料以及消费资料的大量需求,进而导致大量资源在不同产业之间流动,即投资的需求效应促使产业结构的调整;二是投资形成固定资产后,社会总产能扩张,再生产出的商品服务走向市场,产生一系列与之相关联的衍生影响,即投资的供给效应带动了产业结构的调整。

4.2.2 有为政府对产业转型升级的支撑作用

在一国沿产业阶梯拾级而上的过程中,交易成本将随之攀升,这就需要配套的教育、金融、硬件设施等方方面面做出相应改进,这些问题恰恰是市场机制不能较好调节解决的方面,因而需要政府发挥积极的协调作用。此外,随着经济体的要素禀赋结构发生变化,潜在的比较优势也将相应变化,这就需要先驱企业进行创新与尝试,即便先行企业仅取得了试错经验,也是非常有价值的。

为了鼓励企业尝试创新活动，政府需要给予这些先行企业一定的外部性的补偿。这就意味着，产业转型升级不仅需要有效市场，也需要政府在降低交易成本、培育新兴产业、便利企业发展以及补偿外部性等方面提供因势利导的支撑作用。

支撑作用需要遵循两个原则：一是政府应尊重市场规律，让企业成为产业转型升级过程中的主体；二是重点关注市场扭曲、失灵的领域，比如公共品供给与技术创新。具体的操作层面可以归结为如下三个方面。一是进行战略性布局。在符合本国要素禀赋结构的前提下，政府筛选出具有潜在比较优势的产业，并给予特殊扶持，同时积极完善相关的基础设施，特别是对土地、水、电、环保、金融、运输、通信等方面的布局与完善。二是在资金层面催化新兴产业发展。一方面，设置诸如风险基金、科技创新基金、信贷基金等各类基金，对产业结构变迁过程中的外部性活动予以一定的补贴，以促进新兴产业与技术的发展；另一方面，通过孵化或者吸引外商资本、技术投资，缓解资本短缺及技术落后，从而推动新兴产业的发展。三是优化产业发展的外部环境。企业对于外部条件的改善能力微弱，因此，政府必须肩负起义不容辞的责任，努力建立和健全有利于提高市场效率的制度体系，主要是与市场经济密切相关的法律制度、行政法规、产权制度、强制信息披露制度、市场行为准则和要素市场制度等。更为关键的是，政府要树立起服务意识，全心全意营造产业发展环境，帮助企业解决发展过程中的实际困难。

需要注意的是，企业在产业甄别的过程中发挥着主体作用，而不是政府越俎代庖去决定本国应发展的产业。政府的作用应明确为以有限的资源帮助具有潜在比较优势部门的企业，致力于消除它们难以自我解决的外部性障碍与通过多部门协调才能解决的增长限制。此外，目标产业应该是基于国家要素禀赋结构被遴选出的，即生产所倚重要素的成本在国际竞争中是可以获得比较优势的。在这方面，政府应发挥因势利导的作用，主动投资或协调相关企业注资于产业升级所需的软硬件基础设施上，帮助企业进一步降低经营费用，将本国具备潜在比较优势的产业发展成为真正拥有现实比较优势的产业。

4.2.3　企业自生能力对产业转型升级的关键作用

企业自生能力是指"在充分竞争的市场环境中，如果没有外部条件的帮助与扶持,企业能够获得不低于社会可接受的正常利润水平,那么企业则是具有自生能力的"[1]。新结构经济学还进一步利用新古典经济学的等产量曲线和等成本曲线,演绎了企业自生能力的概念,并得出企业是否具备自生能力取决于其所选产业或技术是否与本国资源禀赋结构相一致。因此,企业具备自生能力实质上包含着深层含义:企业自生能力需要自由竞争的市场环境,只有依赖市场机制反映要素稀缺的价格体系,才能做出符合比较优势产业的选择。因此,企业自生能力的深层概念可以反映体制机制的安排。

当企业所选产业符合本国比较优势时,一方面,企业生产的过程会更具有效率,生产的产品更具有竞争力,从而可以达到更高的产出水平,获得更丰厚的利润以及持续的资本积累,进而实现禀赋结构升级并优化产业结构;另一方面,在竞争激烈的市场环境中,自生能力比较强的企业会持续不断地进行技术创新和突破,从而加速企业转型升级,进而促进整个产业转型和升级。

4.3 我国产业转型升级的体制机制分析

4.3.1 计划经济体制下产业转型升级的机制

从新中国成立之初到改革开放前,我国实行的是计划经济体制。在此体制下,资源配置方式主要以计划安排为主,辅以少量的市场调节,甚至基本上没有发挥市场作用,即政府掌控经济决策权,并通过自上而下的指令性计划指导相关的经济活动。产业结构调整的机制具体表现为:政府通过指令性计划影响产业结构的调整与变动。其中,指令性计划包括各个产业应达到的总产量、增长率等一系列指标,并由各级政府机构层层分解该计划指标,最终下达到相关生产部门与经营单位。此外,政府为保证集中调配生产过程中所需的要素资源投入,制定了一系列行政安排与计划,例如制定投资结构的"五年计划"和年度计划,由财政拨款、物资部门、劳动人事部门提供生产所需的资金、物资、劳动力等。

在计划经济体制下,产业结构的调整机制是失灵的,产业结构难以优化。一方面,指令性计划由中央政府各直属经济部门、各级地方政府,自上而下层层传达,从而形成了所谓条条块块的格局,这造成了地方产业发展过程中产业重

---

[1] 林毅夫,刘培林.自生能力和国企改革[J].经济研究,2001(9):60-70.

复建设、资源利用效率低、产业结构效益差等一系列问题；另一方面，各级政府层层下达指令，造成了计划安排的时滞效应，使得产业结构往往不能得到及时有效的调整。此外，脱离市场机制的产业调整，较多只是流量、增量上的调整，产业结构的存量无法得到根本调整。

4.3.2 转轨经济体制下产业转型升级的机制

改革开放后，我国进行了经济体制改革，由计划经济体制转向计划经济为主、市场机制为辅的经济体制，逐渐形成了体制外先进行改革的双轨制，即国有企业依然采用原来的计划经济体制，非国有企业采用以市场为导向的经济体制。因此，双轨制实质上是一种渐进式的改革方式，实现了计划经济体制与市场机制的并存，在维持原有经济运转的同时，带来了市场经济的增长点。双轨制下产业结构调整的机制如下：

第一，计划方式与市场方式的作用会在一定程度上相互抵消，使产业结构难以优化。计划方式会受到市场方式如价格、利润等因素的诱导，使资源过多地流向价格高、利润大的产业部门，从而引起产业结构失衡。同时，市场方式也会受到计划价格、利润等指标的约束，难以充分反映市场对产业结构的调节作用，使得产业结构难以真正适应需求结构，从而造成产业经济效益低等问题。

第二，国有企业仍受政府直接控制，使得国有企业难以满足产业结构优化的需要。一方面，政府直接控制国有企业进入或退出产业，使国有企业无法根据市场需求作出灵活反应，极大地限制了全社会的产业结构调整与优化。此外，国有企业继续承担较多的社会责任，如缴纳较高水平的税款，承担过多的社会保障工作，以及完成各种行政摊派任务等，这给国有企业带来了较为沉重的负担。另一方面，由于国有企业的自生能力较弱，需要依靠政府补贴才能维持企业内部运转。长此以往，国有企业依赖于体制的保护，在内无动力、外无压力的背景下难以推进技术创新，制约了产业的转型升级进程。

第三，市场体制不健全制约了产业结构的优化。市场体制不健全主要表现为生产要素市场不健全，使得生产要素未能有效地流向经济效益或社会效益高的产业部门，从而造成资源使用效率低、产业结构效益差等问题。具体而言，金融市场的不完善使资金难以实现有效配置，出现资金流动速度慢、资金使用缺乏规模效益等问题,从而妨碍资金要素流向资金需求量大、收益高的产业部门;技术市场不健全则阻碍了科研成果的产业化以及先进技术在产业间的转移和应用,导致产业结构高级化进程缓慢;土地要素市场不规范,导致了相关产业重复建设、发展方式粗放等问题。

第四,中央政府与地方政府的利益矛盾影响了产业结构优化的实现。中央政府从全国整体利益出发,制定并实施产业的发展政策,致力于推动产业转型升级,这就要求各地区的产业结构应当符合全局利益和比较优势原则。但是,地方政府为具备利益目标的独立个体,并控制着地方性的经济资源以及相关决策权。因此,地方政府更倾向于维护地区利益而忽视了中央政府的整体利益要求,集中力量发展具有短期经济效益或政绩的产业,如为实现招商引资而刻意压低要素价格,给予无自生能力的企业政府补贴等,最终造成了地方重复生产、投资过度、产业粗放与产能过剩等一系列问题,如图 4.1 所示。

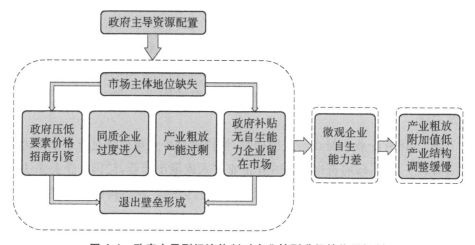

图 4.1 政府主导型经济体制对产业转型升级的作用机制

4.3.3 市场经济体制下产业转型升级的机制

在比较完善的市场经济体制建立之后,资源配置方式主要以市场调节为主,以政府间接的宏观调控为辅,产业结构总体上保持协调和优化状态。具体表现为以下几点:

第一,充分发挥市场调节供需的作用,促进产业结构调整与优化。一方面,在市场主导的资源配置下，形成了充分反映要素稀缺的要素价格体系，从而引导有限的资源流向更有效益的产业，推动产业结构不断调整与优化。另一方面，市场需求引导产业不断调整变化，随着消费者需求升级以及需求结构的变动，产业向更高的层次不断跃进。总体来看，在市场供需调节机制的作用下，形成有效价格体系引导产业调整，再到消费需求结构升级，投资关联作用产业调整，进而形成了产业结构不断调整的良性机制。

第二，政府利用间接的宏观调控方式，促进产业结构调整与优化升级。在市场主导型经济体制下，政府不再直接干预微观经济主体，基本消除了要素价格扭曲、资源错配等现象，提高了产业生产效率等。政府主要通过间接宏观调控方式影响产业发展，特别是在市场失灵的领域，通过制定一系列相关政策措施，包括公共基础设施建设、制度完善、公共技术研发等方面，促进产业结构优化升级。

第三，企业在市场激励机制的作用下，进行技术创新活动。在市场主导型经济体制下，企业为自主经营、自负盈亏的经济主体。根据市场所形成的要素价格信号，企业选择比较优势产业，从而获得市场竞争优势，得到正常水平的市场利润，具备了企业自生能力。通过长期源源不断的资本积累，资源禀赋结构实现升级，从而促进了企业进行技术创新活动，最终推动产业结构持续升级，如图 4.2 所示。

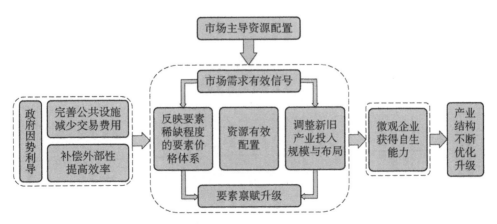

图 4.2　市场主导型经济体制对产业转型升级的作用机制

4.4　本章小结

　　新结构经济学虽然引发了国内外学者的激烈讨论,仍然需要进一步的充实与完善,但其为发展中国家推进产业转型升级提供了有益思路,特别是关于政府与市场在产业转型升级过程中的作用,新结构经济学提出了较为全面的阐述。因此,本书以新结构经济学为理论基础,探究了产业转型升级的体制机制。我国经历了 30 多年的经济体制改革,由计划经济体制到计划经济与市场经济体制并存的双轨制,再到市场经济体制的初级阶段与完善阶段。不同经济体制下产业转型升级呈现出不同的机制。可以看出,政府与市场的关系是影响产业发展的关键因素,即政府与市场的关系决定了资源的配置方式,进而影响了产业之间要素的分配比例,最终引起产业结构及其技术结构的变动。因此,政府和市场的关系实质上是经济体制的核心,更是影响产业转型升级的关键因素。

第 **5** 章

产业转型升级的体制机制障碍之一：
政府过度干预

新结构经济学关于产业转型升级的基本思路是通过有效的市场形成能够反映要素稀缺性的价格体系，引导企业根据此要素价格体系选择产业与技术，使得企业以较低的成本在国内外市场上获得竞争优势，同时获得丰厚的利润并实现资本积累，从而促进要素禀赋结构升级，进而使得要素相对价格发生改变，最终诱导企业实现产业结构与技术结构的升级。可以看出，产业转型升级是一个动态的发展过程，在任一发展阶段，市场都应是资源配置的基础机制。

经历了 40 多年的经济体制改革，我国进入了社会主义市场经济体制的逐步完善和全面深化经济体制改革时期。但受计划经济体制和经济发展阶段的影响，政府仍不可避免地干预经济发展。政府过度的干预使得原本通过市场调节产业发展的机制失效，导致扭曲的要素价格体系不再反映其各自的稀缺程度，这将抑制产业结构优化调整的进程。近年来，国内学者在要素市场价格扭曲限制产业发展方面进行了大量研究。不少学者认为，要素价格扭曲会诱使企业根据扭曲的价格信号进行经济决策，从而选择相应的产业与技术。如果要素价格存在负向扭曲的现象，则企业在选择生产模式时就会偏好粗放型，这种选择势必造成资源配置失当，导致经济效率下降。由此，不可避免地带来不协调、不可持续等一系列问题，主要表现为产业附加值低、产能过剩和企业自主创新能力差(史晋川、赵自芳，2007；罗德明等，2012；施炳展，2012；罗富政、何广航，2021)。

本章通过运用理论与实证分析，更为严谨、系统地讨论在我国市场经济体制逐步完善和全面深化经济体制改革时代背景下，政府通过要素价格扭曲、政府补贴等方式干预经济，进而导致产业升级缓慢的传递机制，并通过实证验证这一结论。具体章节内容如下：第一节构建了理论模型，解释政府干预对产业转型升级的影响机制；第二节测算了相关要素指标；第三节构建了回归模型，并对相关数据、指标进行选取与测算，同时给出基本的数据统计分析；第四节进行实证分析和稳健性检验，并在本章最后部分予以总结。

5.1 理论模型分析

政府一般通过提供补贴或扭曲要素价格的方式干预经济发展，而政府对企业的补贴大部分还是通过降低要素价格这一通道作用于企业的生产[①]。因此，为简化分析，本书着重分析扭曲要素价格这种干预方式对产业转型升级的影响机制与效应。第4章对经济体制影响产业转型升级的机制进行了描述分析，而本节将在前述机制的基础上，借鉴 Fei & Ranis(1965)、郑振雄等(2013)提出的分析框架，构建政府过度干预、要素价格扭曲、产业要素投入结构变化至产业结构演进的一个传递途径，探讨政府过度干预制约产业转型升级的作用机制。

5.1.1 模型的构建

为简化分析，假定经济体由劳动密集型产业 1 和资本密集型产业 2 构成，总资源禀赋为劳动 L、资本存量 K，生产技术规模报酬不变。两部门生产函数为：

$$Y_1 = F_1[s_1 L k_1, s_1 L, t_1] \tag{5.1}$$

$$Y_2 = F_2[(1-s_1)Lk_2, (1-s_1)L, t_2] \tag{5.2}$$

其中，Y_1、Y_2、k_1、k_2、t_1、t_2、s_1 分别对应两大产业的总产出、人均的资本存量（$k_2 > k_1$）、时间、就业所占份额。当资源充分利用时，可以得出：

$$s_1 L k_1 + (1-s_1)Lk_2 = K \tag{5.3}$$

对于我国而言，资本存量的增加速度超过劳动增加量，所以本书简化假设劳动相对不变。当经济整体资源禀赋结构提升，资本存量增加 ΔK，且两部门

---

① 李飞跃,林毅夫.发展战略、自生能力与发展中国家经济制度扭曲[J].南开经济研究,2011(5):3－19.

要素投入结构不变时，劳动密集型产业 1 的就业份额下降 Δs_1，可以得到：

$$(s_1 - \Delta s_1)Lk_1 + (1 - s_1 + \Delta s_1)Lk_2 = K + \Delta K \qquad (5.4)$$

由式(5.4)求出：

$$\Delta s_1 = \frac{K}{L(k_2 - k_1)} \qquad (5.5)$$

部门 1 和部门 2 的产出分别为：

$$Y_1 = F_1\big[(s_1 - \Delta s_1)Lk_1, (s_1 - \Delta s_1)L, t_1\big] \qquad (5.6)$$

$$Y_2 = F_2\big[(1 - s_1 + \Delta s_1)Lk_2, (1 - s_1 + \Delta s_1)L, t_2\big] \qquad (5.7)$$

从式(5.5)、式(5.6)和式(5.7)可以看出，在没有政府过度干预的情况下，随着要素禀赋的提升，生产者会进入资本密集度更高的产业，劳动密集型产业所占的就业份额、产值都会出现下降，进而实现产业结构优化与升级。

随着经济体的禀赋结构不断提升，当资本存量提高 ΔK 时，劳动密集型产业将投入更多的资本量，引致该部门人均资本存量上升 $\Delta k_1'$，资本密集型产业人均资本存量上升 $\Delta k_2'$。故有：

$$(s_1 - \Delta s_1')L(k_1 + \Delta k_1') + (1 - s_1 + \Delta s_1')L(k_2 + \Delta k_2') = K + \Delta K$$

$$\qquad (5.8)$$

$$\Delta s_1' = \frac{\Delta K - (s_1 - \Delta s_1')L\Delta k_1' - (1 - s_1 + \Delta s_1')L\Delta k_2'}{L(k_2 - k_1)} \qquad (5.9)$$

$$Y_1' = F_1\big[(s_1 - \Delta s_1')L(k_1 + \Delta k_1'), (s_1 - \Delta s_1')L, t_1\big] \qquad (5.10)$$

$$Y_2' = F_2\big[(1 - s_1 + \Delta s_1')L(k_2 + \Delta k_2'), (1 - s_1 + \Delta s_1')L, t_2\big] \qquad (5.11)$$

从式(5.9)、式(5.10)和式(5.11)可以看出，当两部门都发生资本型的技术进步时，劳动密集型所占就业份额的衰退程度小于基准情形（$\Delta s_1 < \Delta s_1'$），说明劳动密集型产业衰退进程放缓；产值比重衰退程度需要看资本存量的上升量，如果 $\Delta k_1'$、$\Delta k_2'$ 足够大，$s_1 L\Delta k_1' - (1 - s_1)L\Delta k_2' = \Delta K$，则 $\Delta s_1' = 0$，劳动密集型产业就业比重维持不变。

5.1.2　模型的主要过程

根据 Fei&Ranis(1965)提出的模型，假定生产函数规模报酬不变，则有：

$$Y = F(K, L, t) \tag{5.12}$$

$$Y = KF_K + LF_L \tag{5.13}$$

对式(5.13)两边对 L 求导,可得:

$$-LF_{LL} = KF_{FL} \tag{5.14}$$

产出的增长率可以定义为:

$$\eta_Y = \frac{F_K \dot{K} + F_L \dot{L} + F\dot{t}}{F} \tag{5.15}$$

其中,η 表示增长率,$\dot{F}$ 代表产出关于时间求导的函数。资本产出份额 $\varphi_K \triangleq \dfrac{F_K K}{F}$,劳动产出份额 $\varphi_L \triangleq \dfrac{F_L L}{F}$,技术创新强度 $I \triangleq \dfrac{F_t}{F}$。工资的增长率定义为:

$$\eta_\omega = \frac{F_{LK} \dot{K} + F_{LL} \dot{L} + F_L \dot{t}}{F_L} = \varepsilon_{LL}(\eta_K - \eta_L) + M_L \tag{5.16}$$

其中,$M_L \triangleq \dfrac{F_L t}{F_L}$ 代表边际劳动产出的增长率,$\varepsilon_{LL} \triangleq -\dfrac{F_L t}{F_L}$ 代表边际劳动产出递减的倾向。

由式(5.16)可得:

$$\frac{\eta_\omega}{\varepsilon_{LL}} = \eta_k - \eta_L + \frac{M_L}{\varepsilon_{LL}} \tag{5.17}$$

假定规模报酬不变,技术进步程度[①]通常为 $I = \varphi_l M_L + \varphi_K M_K$,且 $\varphi_L + \varphi_K = 1$,可以得到:

$$M_L - I = \varphi_K(M_L - M_K) \tag{5.18}$$

由式(5.18)可知,当 $M_L - M_K > 0$ 时,$M_L - I > 0$,劳动边际生产率的增长率超过资本边际生产率的增长率,即技术进步偏向劳动,$H_L = M_L - I$;反之,$H_K = M_K - I$。可得:

---

① 通常由劳动边际生产率的增长率与资本边际生产率的增长率加权平均所得。

$$\frac{\eta_{\omega}}{\varepsilon_{LL}} = \eta_k - \eta_L + \frac{I}{\varepsilon_{LL}} + \frac{H_L}{\varepsilon_{LL}} \tag{5.19}$$

令资本深化速度 $\eta_{K^*} \triangleq \eta_k - \eta_L$，代入式(5.19)可得：

$$-H_L = \varepsilon_{LL}\eta_{K^*} + I - \eta_{\omega} \triangleq H_K \tag{5.20}$$

由式(5.20)可知，当 $H_K > 0$ 时，资本边际生产率的增长率超过劳动边际生产率的增长率，这将引致两部门都使用更多的资本要素（即资本替代劳动），从而造成产业内劳动密集型产业资本深化，其退出的进程也将放缓。

5.1.3 模型推导的结论

由生产函数 $Y = F(K, L, t)$，可以分别计算出劳动与资本的边际产出 MP_L、MP_K，并分别与要素价格 w_k、w_L 进行对比，就可以考察要素市场是否存在要素价格绝对扭曲，即 $MP_K = D_K w_k$，$MP_L = D_L w_L$，可以得到要素相对扭曲指数：

$$D = \left(\frac{MP_K}{w_k}\right) \bigg/ \left(\frac{MP_L}{w_L}\right) = \frac{D_K}{D_L} \tag{5.21}$$

由式(5.21)可知，当资本与劳动的绝对扭曲程度之比 D 不等于 1 时，要素价格存在相对扭曲。

政府过度的干预使得原本通过市场调节产业发展的机制失效。从要素市场看，扭曲的要素价格不再反映其各自的稀缺程度，当资本、劳动力、土地等生产要素的价格被严重低估时，将引起要素投入比例的变化，进而引致要素偏向的技术进步，从而影响产业结构的变动，具体机制如下：

假定生产函数规模报酬不变，即 $Y = AL^{\alpha}K^{1-\alpha}$，由式(5.21)可得：

$$D = \left(\frac{MP_K}{w_k}\right) \bigg/ \left(\frac{MP_L}{w_L}\right) = \frac{1-\alpha}{\alpha} \cdot \frac{w_L}{w_K} \cdot \frac{K}{L} \tag{5.22}$$

$$\alpha = \left(\frac{w_L}{w_K} \cdot \frac{K}{L}\right) \bigg/ \left(D + \frac{w_L}{w_K} \cdot \frac{K}{L}\right) \tag{5.23}$$

当生产函数为规模报酬不变时，边际劳动产出递减的倾向应等于劳动的产出弹性，那么有 $\varepsilon_{LL} \equiv \alpha$，将式(5.23)代入式(5.20)，可得到要素价格扭曲与要素偏向型技术进步之间的关系：

$$-H_L = \left[\left(\frac{w_L}{w_K} \cdot \frac{K}{L}\right) \Big/ \left(D + \frac{w_L}{w_K} \cdot \frac{K}{L}\right)\right]\eta_{K^*} + I - \eta_\omega \triangle H_K \quad (5.24)$$

由式(5.24)可知,当存在要素价格扭曲时,D 大小的变化会影响要素偏向型的技术进步,如当 D 越来越小时,即相对于劳动而言,资本要素价格便宜,使得产业部门出现资本偏向型的技术进步,促使产业部门更多地投入资本要素,从而造成产业内进一步资本深化,劳动密集型产业的衰退进程减慢,导致产业结构调整过程放缓。

综上所述,政府的过度干预使得要素市场价格扭曲,资源的配置效率降低,如当资本价格相对劳动力价格负向扭曲程度较大时,将引致产业部门都使用更多的资本要素(即资本替代劳动),从而造成产业内劳动密集型产业资本深化,其退出的进程也将放缓。下文将进一步用实证分析验证这一结论。

5.2 相关指标的测算

5.2.1 要素价格扭曲的测度方法的评述

新古典经济学认为,在完全竞争市场的作用下,要素价格与其边际产出价值相等,产品市场及要素市场均不会存在价格扭曲的现象,而随后一些发展中国家的发展实践表明,市场的不完善会导致要素价格扭曲的现象,即要素的市场价格会与其边际产出价值之间出现偏差或背离[1](Chacholiades, Johnson, 1978; Lau, Yotopoulos, 1971; Atkionson, Halvorsen, 1980)。要素价格的扭曲程度通常有以下几种测算方法:一是利用生产函数法;二是通过前沿技术的分析法;三是利用影子价格的测算法;四是利用可计算一般均衡法。其中,生产函数法为较常用的测算方法[2]。具体如下:

假定生产函数为 C-D 生产函数,形式如下:

$$LnY = LnA + \alpha LnL + \beta LnK + \mu \quad (5.25)$$

---

① 要素价格扭曲主要表现为两种形式:第一种形式是要素市场的绝对扭曲,即生产要素的价格与其边际生产力之间偏离;第二种形式是要素市场的相对扭曲,部门之间的工资或租金率不相等。

② 王宁,史晋川. 中国要素价格扭曲程度的测度[J]. 数量经济技术经济研究,2015(9):149-160.

对(5.25)进行回归后,可以得到 α 与 β 的估计值,进一步分别计算出劳动要素的边际产出 MP_L 与资本要素的边际产出 MP_K。假定 w_L 和 w_k 分别表示劳动和资本的实际报酬,那么,要素的边际产出与实际报酬之间的关系如下:

$$MP_K = d_K w_k,\ MP_L = d_L w_L$$

其中,d_L、d_K 分别表示劳动、资本要素价格扭曲程度的指标。当 d_L 或 d_K 等于 1 时,说明要素价格基本合理,否则说明要素价格存在扭曲的现象。d_K 或 d_L 与 1 的差距越大,则表示要素价格的扭曲程度越高。

国内较多学者利用生产函数法测算了我国要素价格的扭曲程度。例如,较多学者对资本、劳动力要素价格扭曲程度进行了测算,结果发现,我国资本、劳动力的边际产出与其价格均存在不同程度的偏离现象(盛仕斌等,1999);还有的学者特别研究测算了我国劳动力要素市场价格扭曲的现象与程度,发现我国劳动力市场呈现严重的负向扭曲现象(徐长生等,2008)。此外,有学者测算了不同企业所有制下,要素价格扭曲程度的差异。结果发现,在非国有企业中,资本要素价格的扭曲程度相对更为严重,且扭曲程度呈现出加大的趋势,说明非国有企业要素边际产出更高;劳动力要素价格的扭曲程度在不同所有制企业中的差异相对较小,并且呈现出收敛的趋势。

5.2.2　我国要素价格扭曲的测度

1) 要素的边际产出

已有关于测算要素价格扭曲程度的研究中,仅考虑了资本要素、劳动力要素投入。但结合我国经济发展的实际情况,特别是近些年土地要素对我国经济发展产生了较大的影响,因此,本书在构建生产函数时,特别将土地要素考虑在内。本书构建了包括资本、劳动、土地要素的生产函数模型。具体如下:

$$\mathrm{Ln}Y_{it} = \mathrm{Ln}A + \alpha \mathrm{Ln}K_{it} + \beta \mathrm{Ln}L_{it} + \gamma S_{it} + \mu_{it} \tag{5.26}$$

其中,α、β、γ 分别表示资本、劳动力、土地要素的产出弹性系数,μ 为随机的干扰项。假定生产函数形式固定,则 α、β、γ 为固定参数,由不同地区不同年份的 Y、K、L、S 值估计确定,而不随时间 t 和地区 i 的变化而改变。假设全要素生产率 A 为常数,表示短期内技术水平不变。

本书采用工业总产值指标衡量 Y,固定资产原价指标衡量 K,全部从业人员年平均人数指标衡量 L ,所用指标数据来自 2001—2014 年《中国统计年鉴》及《中国工业经济统计年鉴》[①]。本书利用地方政府协议出让土地面积衡量 S ,这是因为协议出让的土地价格通常低于其他形式的土地价格,更有利于吸引企业投资,所以协议出让土地也是导致土地要素价格扭曲的主要方式,这一指标数据来源为历年《中国国土资源统计年鉴》[②]。

根据式(5.26),将以上数据取对数回归后,可得到资本、劳动、土地的产出弹性系数:

$$\hat{\alpha} = 1.2352, \ \hat{\beta} = 0.5123 \quad \hat{\gamma} = 0.0405 \tag{5.27}$$

根据生产函数可分别求出资本、劳动、土地的边际产出:

$$MP_{Kit} = \hat{\alpha} \cdot \frac{Y_{it}}{K_{it}}, \ MP_{Lit} = \hat{\beta} \cdot \frac{Y_{it}}{L_{it}}, \ MP_{Sit} = \hat{\gamma} \cdot \frac{Y_{it}}{S_{it}} \tag{5.28}$$

2) 要素的实际价格

资本的使用价格一般可通过利率衡量,但由于我国利率市场化程度低,利率并不能反映我国资本要素的价格。因此,本书借鉴盛仕斌、徐海(1999)的做法,通过计算工业企业的利息支出与当年负债总额的比值衡量资本价格[③],所用指标数据根据《中国工业经济统计年鉴》整理。劳动力的价格采用城镇就业人员的平均工资来衡量,数据来源于《中国统计年鉴》。土地的价格用协议出让土地的收益除以协议出让土地的面积[④],数据来源于《中国国土资源统计年鉴》。

3) 要素扭曲程度的测算

在获得要素的边际产出 MP_K 、 MP_L 、 MP_S ,以及资本价格 w_k 、劳动力价格 w_L 、土地价格 w_S 后,就可以分别计算资本、劳动力、土地 3 种要素价格的扭曲程度,如式(5.29)所示。

---

① 各地区规模以上工业企业主要经济指标及全部国有及规模以上非国有工业企业主要经济指标,并考虑到"中国工业企业数据库"数据的可获得性与一致性,都选取 2001—2014 年的数据。

② 由于 2002 年协议出让面积数据缺失,而协议出让宗数占当年所有出让宗数的 97.6%,所以用当年土地出让总面积来代替。

③ 盛仕斌,徐海. 要素价格扭曲的就业效应研究[J]. 经济研究,1999(5):66 - 72.

④ 协议出让土地是形成我国土地要素扭曲的主要方式。

$$d_K = \frac{MP_K}{w_k}, \ d_L = \frac{MP_L}{w_L}, \ d_S = \frac{MP_S}{w_S} \tag{5.29}$$

根据式(5.29)，分别计算资本、劳动力以及土地要素的边际产出与其要素价格的比值，从而得出 3 种要素价格的扭曲程度。限于篇幅，本部分没有列出每年各个省的要素扭曲值(具体结果详见附录 A)，而给出了东、中、西部每年的扭曲程度，如表 5.1 所示。

表 5.1　2001—2014 年我国资本、劳动力、土地的要素价格扭曲程度

年份	d_K			d_L			d_S		
	东部	中部	西部	东部	中部	西部	东部	中部	西部
2001	15.605 1	12.808 7	12.115 7	8.396 0	6.838 5	6.339	3.653 3	4.369 4	5.184 5
2002	15.863 7	12.967 8	12.099 6	8.406 8	6.691 5	6.354 9	4.669 1	6.046 4	7.176 5
2003	16.793 1	13.971 5	12.571 4	8.387 1	6.985 4	6.323 1	2.637 5	2.692 4	3.192 5
2004	19.480 2	15.072 0	13.794 3	9.493 1	7.844 5	6.929 2	4.430 0	5.893 7	9.142 4
2005	30.064 4	25.365 4	21.150 1	8.858 7	7.109 4	6.056 8	4.169 3	4.301 2	10.714 0
2006	25.429 9	23.958 5	20.384 9	7.092 0	6.184 4	5.917 3	8.609 2	9.694 0	10.608 9
2007	27.728 3	27.651 7	21.841 7	11.422 5	10.992 3	10.189 0	6.728 0	9.914 7	6.539 6
2008	28.137 4	27.800 8	22.405 2	11.788 5	12.016 8	10.280 7	12.714 4	8.568 8	16.358 7
2009	28.546 5	27.950 0	22.968 8	11.365 7	12.451 6	10.291 9	45.073 5	12.529 1	17.967 9
2010	26.985 0	28.223 5	21.245 6	10.848 2	11.622 8	9.561 9	34.705 0	39.182 5	24.048 1
2011	29.134 7	31.184 2	22.524 0	11.490 3	12.226 5	10.173 2	30.880 7	45.002 1	40.282 3
2012	30.833 1	33.683 6	24.709 9	12.693 9	13.693 4	11.682 9	35.255 3	34.593 0	18.593 3
2013	27.081 8	32.306 3	22.981 1	12.097 6	12.997 9	11.146 5	29.914 8	33.072 8	21.542 1
2014	28.323 5	31.522 4	22.929 7	11.501 3	12.302 4	10.610 0	58.355 1	27.967 3	21.457 1

为了更为直观地分析资本、劳动力、土地的要素价格扭曲程度的变化趋势，根据以上数据结构绘制了 3 种要素价格扭曲的折线图，如图 5.1 至图 5.3 所示。

从表 5.1 可以看出，2001—2014 年，我国的资本、劳动力及土地的要素价格均存在不同程度的扭曲现象。就劳动力要素价格而言，扭曲程度整体呈现增大的趋势，特别是 2006 年以后，劳动力扭曲程度快速上升，但 2012 年后出现下降态势。可以看出，尽管近年来劳动力报酬不断攀升，但与边际产出相比，劳动

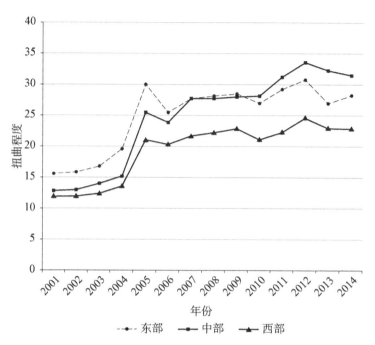

图 5.1　2001—2014 年我国资本要素的价格扭曲程度

力价格仍被低估。值得注意的是,劳动力价格扭曲的地区间差异度不大,这可能与当今市场中劳动力具有较好的流动性有关(见图 5.2)。就资本要素价格而言,资本要素价格扭曲的程度明显大于劳动力和土地要素价格的扭曲程度,尤其是在东部地区。但在 2011 年之后,中部地区资本要素价格扭曲程度加重,表现出超过东部地区的趋势(见图 5.1)。就土地要素价格而言,土地要素价格的扭曲程度于金融危机之后呈现骤增的态势,并且中、东部地区相对于西部地区的土地价格扭曲程度更大(见图 5.3)。这可能是因为地方政府为了刺激当地经济发展,通过刻意压低土地价格推进招商引资。虽然我国于 2007 年出台了《全国工业用地出让最低价标准》①,但不少地方政府为了吸引投资而打起了擦边球,如在工业用地出让过程中,采用有事先意向地挂牌出让,并压低了土地的出让金,甚至在出让后把部分出让金作为投资额返还给企业。总体来看,我

---

① 当时的国土资源部为了加强对工业用地的调控和管理,促进土地节约集约利用,根据土地等级、区域土地利用政策等,统一制订了《全国工业用地出让最低价标准》,规定了工业用地必须采用招标、拍卖或挂牌的方式出让,且出让底价和成交价格均不得低于所在地土地等级的最低价标准。

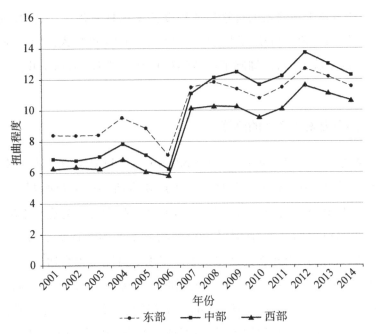

图 5.2　2001—2014 年我国劳动力要素的价格扭曲程度

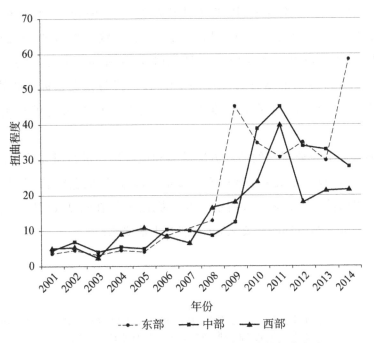

图 5.3　2001—2014 年我国土地要素的价格扭曲程度

国资本、劳动力及土地要素的价格扭曲程度并未出现收敛的趋势，反而呈现出日益加大的倾向。要素价格的低估将会引起要素的过度投入使用，这必然会导致产业发展的粗放式增长，抑制了产业结构优化的进程，不利于我国产业结构的转型升级。

5.2.3 我国全要素生产率的测算

关于全要素生产率（total factor productivity，TFP）的测算已有较为翔实的文献研究，学者们通常将 TFP 理解为生产要素所不能解释的剩余部分。较多的研究将 TFP 理解为技术的发展水平，但是有些学者认为这并不准确，因为 TFP 不仅表示技术的进步，而且还能反映物质生产的管理水平、知识技能、制度环境、计算误差等，因此将其理解为生产率水平可能更为合适[1]。

在生产率测度过程中，通常会出现同时性偏差（simultaneity bias）及样本选择性偏差（selectivity and attrition bias）的问题[2]。普通的最小二乘法和固定效应方法难以克服以上两种偏差，导致对资本与劳动的估计出现偏误，进而影响生产率的测算。针对这些问题，很多学者进行了探索，目前较好的解决办法有 OP 方法（Olley & Pakes，1996）和 LP 方法（Levinsohn & Petrin，2003）。OP 方法要求总产出与投资为单调的关系，这会导致某些样本不能被估计。Levinsohn & Petrin（2003）为了最大限度地利用既有样本量，提出了一种不使用投资额做代理变量的新方法，即以中间品投入代替投资指标。此外，LP 方法还提出了检验代理变量适合度的方法，使得代理变量的可选范畴得以扩大。

本书将如上企业层面的估计方法借鉴到地区层面进行研究，同时考虑到，对于区域而言，投资是最为重要的发展要素，所以适当地选择了 LP 方法，回归得到的要素估计结果如表 5.2 所示。需要强调的是，在测度 TFP 上，计量方法通常只考虑资本与劳动两种要素，并不涉及土地要素。

---

[1] 鲁晓东，连玉君. 中国工业企业全要素生产率估计：1999—2007[J]. 经济学季刊，2012（2）：541 - 558.
[2] 同时性偏差是投资会由于 TFP 波动而不断调整所导致的，样本选择性偏差主要是由于生产率冲击和企业退出市场的概率存在关联而造成。

表 5.2 变量介绍及生产函数回归结果

变量	变量含义	结果
$\ln K$	固定资产合计	0.581
$\ln L$	就业人数	0.0889
N	观察值个数	369

在上述结果的基础上，我们在此呈现了东、中、西部 TFP 的均值、中位数和标准差。我们发现，在这 3 个指标上，东部 TFP 值均高于中部和西部，故认为我们的测算有一定的说服力（见表 5.3）。

表 5.3 TFP 东、中、西部的测算

地区	均值	中位数	标准差
东部	2.7208	2.7884	0.4809
中部	2.7140	2.7821	0.4451
西部	2.0887	2.1700	0.7306

5.3 实证分析

5.3.1 实证模型设定与变量选择

在上节理论模型分析的基础上，本节实证检验在政府的过度干预下，要素价格扭曲等对产业转型升级的影响，构建回归模型如式（5.30）所示。

$$\ln ind_{it}(\ln tfp_{it}) = \alpha + \beta_1 \ln d_{K_{it}} + \beta_2 \ln d_{L_{it}} + \beta_3 \ln d_{S_{it}} + \beta_4 control_{it} + \varepsilon_{it}$$

(5.30)

其中，被解释变量 ind_{it}、tfp_{it} 表示第 i 省第 t 产业的转型升级，$d_{K_{it}}$、$d_{L_{it}}$、$d_{S_{it}}$ 依次为测度资本、劳动力和土地要素价格扭曲的变量，$control_{it}$ 为一系列控制变量。就被解释变量而言，国内外经典文献所提出的产业升级测度指标通常为产业比重和产业效率,后者尤指技术进步或创新。鉴于此,本书同样设定了两个指标以反映转型升级的程度:一是产业结构调整指标(ind_{it}),即各省历年第三产业与第二产业的产值比,以此反映产业结构的合理程度;二是工业生产率指标,即全要素生产率(TFP),以此测度各省产业的发展质量。自变量包括3种要素的价格扭曲指标以及一系列控制变量,具体介绍如下。

(1)要素价格扭曲。目前来看,资本、劳动力要素价格扭曲的测算相对较为常见。但结合我国近年来的经济状况而言,土地要素日益成为影响我国产业发展的重要因素。土地供给量或供给方式对产业结构的内部调整与变化产生了复杂的抑制或促进作用(张孝宇等,2010)。因此,本书额外加入了土地要素价格扭曲这一变量。

(2)国有工业比重。国有企业尤其是工业企业,在经济运行中发挥着关键作用,通常可以得到政府在优惠政策上的倾斜。政府支持产业发展的政策通常包括成立专项基金给予补贴、退(免)税、缩减行政事业性收费等,这些政策的实质都是扭曲要素价格。在这种背景下,国有工业比重反映了扭曲的遍及程度,需要纳入探讨范畴。本书利用国有控股的工业总产值所占该地区工业总产值的比重衡量国有工业比重。

(3)政府补贴。政府补贴实质上为政府干预经济的重要方式,因此,本书将其纳入模型之中。但由于目前各省的政府补贴尚未有直接统计数据,本书在借鉴较多已有研究的基础上,认为各省财政支出在很大程度上可以反映其政府补贴的程度。因此,本书整理了各省财政支出数据,并以此衡量各省政府补贴的状况。

5.3.2　数据来源与描述性统计

本书选取了2001—2014年我国31个省、市、自治区的工业企业样本数据,对资本、劳动力、土地的要素扭曲程度进行了计算。测算过程中使用到的工业总产值、固定资产原价、从业人员的年平均数及工资来源于《中国统计年鉴》;利息支出数据来自《中国工业经济统计年鉴》;协议出让土地面积及收益来源于历年《中国国土资源统计年鉴》[①];TFP测算中需要的应交增值税数据来自《中国

---

① 由于2002年协议出让面积数据缺失,而协议出让面积占当年所有出让面积的97.6%,所以用当年土地出让总面积予以代替。

统计年鉴》，工业增加值数据来自国家统计局网站。此外，第三产业比第二产业的值、国有工业所占比重、政府财政支出数据均来自历年的《中国统计年鉴》。如上完成所有变量的数据搜集，并进行相关描述性统计。

从表5.4可以看出，我国产业结构调整指标均值小于1，说明整体上我国第三产业发展水平较低，并且地区间的差异较大；国有工业比重仍然较高，整体上平均接近一半，这反映了我国政府对于经济的控制力依旧较强；政府补贴变量的标准差大，说明各省的政府财政支出差异较大。在要素价格扭曲程度的指标中，就资本要素而言，资本要素的扭曲程度相对最高；就土地要素而言，土地要素价格的扭曲程度较高，并且波动程度最大，这说明政府在土地出让价格设定上具有随意性，例如，有些地方政府官员为招商引资发展辖区经济，通过低价出让建设用地，甚至出现违法供应土地的现象（张莉、王贤彬、徐现祥，2011）。就劳动力要素而言，劳动力要素价格的扭曲程度相对比较稳定，并且地区间差异相对较小，说明我国劳动力要素市场流动性相对较高。

表5.4 变量的符号和描述性统计

变量	符号	观测值	均值	标准差	最小值	最大值
产业结构调整	ind	434	0.922 0	0.438 1	0.494 4	3.443 3
全要素生产率	TFP	368	0.867 1	0.373 5	-2.099	1.248 1
资本要素扭曲	d_K	434	22.756 0	8.279 6	0.081 1	49.556 7
劳动力要素扭曲	d_L	434	9.795 4	3.330 5	1.371 9	21.677 7
土地要素扭曲	d_S	434	20.394 1	42.332 3	0.200 5	684.057 0
国有工业比重	$stated$	434	0.480 8	0.209 9	0.107 2	0.981 2
政府补贴（亿元）	$govs$	434	1 554.049 0	1 481.965 0	59.969 3	8 410.999 0
出口比重	$expp$	434	24.687 1	1.794 8	20.324 9	29.006 2
市场规模	$\ln gdp$	434	8.604 1	1.192 4	4.766 1	11.037 5

5.3.3 实证过程与结果分析

本项研究运用模型(5.29)对政府干预对产业转型升级的影响进行了实证分析，具体包括要素价格的扭曲程度、政府补贴等对产业结构调整、产业生产效率（全要素生产率）的影响作用，得到了如表5.5所示的估计结果。

表 5.5　政府过度干预对产业转型升级影响模型的估计结果

变量	IND	TFP
$\ln d_K$	-0.309^{***} (-7.758)	-0.117^{***} (-2.857)
$\ln d_L$	-0.178^{***} (-5.688)	-0.016^{***} (-2.434)
$\ln d_S$	-0.013^{*} (-1.686)	-0.006^{***} (-2.571)
$stated$	0.343^{***} (3.483)	-0.023^{*} (-0.311)
$govs$	-0.417^{**} (-2.449)	-1.225^{***} (-13.716)
$expp$	3.043^{***} (3.432)	-3.631^{***} (-2.752)
$\ln gdp$	0.227^{***} (9.090)	0.108^{***} (4.824)
$cons$	-0.834^{***} (-3.993)	0.643^{***} (2.688)
N	369	314
R^2	0.380	0.710
adj. R^2	0.311	0.703

注：①括号内为 t 值；②$*$、$**$、$***$ 分别代表参数在 10%、5%、1% 水平上显著。

从表 5.5 的回归结果可以看出：

（1）资本、劳动力、土地 3 种要素价格的扭曲均不利于产业结构调整，且资本要素价格扭曲的负向影响作用最为显著。结合前文理论模型分析，当资本相对于其他要素表现得越来越便宜时，包括传统劳动密集型行业在内的各种行业都会倾向于更多地使用资本要素，造成产业内资本的过度深化，即劳动力密集型产业出现自然衰退（就业、产值份额均下降）的进程将放慢。具体表现为，我国制造业专注于劳动密集型、低技术含量的生产或组装环节，使得产业链出现"两头在外"的发展趋势，这将抑制我国高端制造业、生产性服务业等的发展，进而导致我国产业结构调整与优化的进程缓慢。此外，土地要素价格扭曲对产业结构调整的负向作用相对较小，可能是因为土地要素价格扭曲在一定程度上刺激了房地产业的快速发展，进而引起相关联的第三产业崛起。

资本、劳动力、土地 3 种要素价格扭曲均不利于 TFP 的提升。其中，资本要素价格扭曲的副作用同样最为显著。这可能主要有以下两方面原因：一是要素价格扭曲本身会带来资源的不合理配置，从而降低了 TFP；二是要素价格负向扭曲使得企业倾向于过多地投入生产要素，从而延续了传统的高投入、低附加值的粗放生产模式，并抑制了企业的技术创新行为，从而制约了 TFP 的提升。

（2）令人较为意外的是，国有产值的比重对产业结构调整表现为正向作用，但不利于 TFP 的提升。这可能是因为，我国第三产业的发展同样依赖于政府，使得国有企业不可回避地承担了这一责任。例如，国有企业通过拓展其主营业务，将业务经营范围涵盖了相关的工业服务业，通过采用这种方式推进了产业结构优化。但是这样崛起的第三产业会存在一些问题，比如过分集中于低层次的传统行业，而现代服务业（物流业、金融保险业、文化产业）发展相对不足，即不利于 TFP 的提高。

地方政府补贴对于产业结构调整以及 TFP 的提升均呈现负向作用，这说明政府补贴会影响微观主体的行为决策。例如，政府补贴可能会影响企业参与市场活动的投资、进入及退出行为，因而影响产业之间的要素投入结构，引起产业投资过热、产业退出机制缓慢等，造成产业盲目投资、重复建设、资源使用效率低等问题，抑制了产业结构的调整与优化。

（3）在其他一些变量中，国内市场规模显著地促进了产业结构的调整与优化，并有助于 TFP 的提升，说明我国巨大的市场需求规模有利于产业转型升级；出口所占比重对产业结构调整具有显著的促进作用，但不利于 TFP 的提升。这可能是因为我国出口的产品仍然以生产加工、组装等劳动密集型产品为主，虽然带动了相关生产性服务业的发展，表现为促进了产业结构的调整与优化，但是我国出口产品仍缺乏核心技术，被锁定在价值链的低端环节，表现为 TFP 并没得到提升与进步。

5.3.4　稳健性检验

为了检验上述回归结果的稳健性，本小节采用分样本检验的方法，即将全国数据分为东部、西部、中部 3 个区域，分别对产业调整指数 TFP 进行回归分析，参数估计如表 5.6 所示。

表 5.6　以东部、西部、中部为 3 个样本对产业结构调整指数及 TFP 回归

变量	IND			TFP		
	东部	中部	西部	东部	中部	西部
$\ln d_K$	−0.383***	−0.137*	−0.164**	−0.075***	−0.024*	−0.250*
	(−6.259)	(−1.864)	(−2.335)	(−2.768)	(−1.805)	(−1.958)
$\ln d_L$	−0.187***	−0.020*	−0.163***	−0.010**	−0.073***	−0.064**
	(−3.676)	(−2.324)	(−3.071)	(−2.255)	(−2.692)	
$\ln d_s$	−0.005	−0.024*	−0.039***	−0.008	−0.022*	−0.044**
	(−0.408)	(−1.957)	(−2.695)	(0.664)	(−2.872)	(−1.852)
$Stated$	0.199	0.794***	0.326*	−0.035	−0.292	−0.102
	(1.114)	(3.812)	(1.933)	(−0.505)	(−0.771)	(−0.551)
$govs$	0.112	0.637	−0.328	1.616***	1.180*	1.292***
	(0.184)	(0.901)	(−1.646)	(5.641)	(1.806)	(9.231)
$expp$	6.442	13.310	2.304**	−8.416***	−0.340**	−1.567
	(1.594)	(1.469)	(2.257)	(−2.794)	(−2.019)	(−0.682)
$\ln gdp$	0.264***	0.163**	0.144***	−0.073***	−0.030	−0.167***
	(6.733)	(2.495)	(3.055)	(−2.666)	(−0.316)	(−2.848)
$cons$	−0.985***	−1.755***	−0.474	0.845***	1.229	0.529
	(−2.707)	(−3.149)	(−1.444)	(2.950)	(1.100)	(1.081)
N	167	72	130	144	63	107
R^2	0.372	0.696	0.405	0.628	0.144	0.728
adj. R^2	0.286	0.634	0.315	0.609	0.035	0.708

注：①括号内为 t 值；②*、**、***分别代表参数在 10%、5%、1%水平上显著。

从表 5.6 的回归结果可以看出，资本要素价格扭曲对东、中、西部产业结构调整、TFP 均为负向作用，且对东部产业结构调整与 TFP 的负向作用相对最大，这一结果与前文保持一致；劳动力要素价格扭曲对东、中、西部产业结构调整、TFP 均为负向作用，且对东、中部产业结构调整的负向作用相对较大，对中、西部 TFP 的负向作用相对较大，这一结果与前文保持一致；土地要素价格扭曲对中、西部地区的负向作用相对显著，这可能是因为中、西部地区可用土地面积相对较多，并且土地要素价格受地方政府影响较大，相关土地管理制度相对不规范。在其他变量中，国有比重对 3 个地区的生产率提高并没有显著的作用；地方补贴不利于 3 个地区生产效率的提高；出口对中部和东部具有积极的影响；而市场规模主要促进东部和西部生产效率的提高。整体上看来，要素扭曲等因素对产业转型升级负向影响具有稳健性。

5.4　本章小结

本章从政府过度干预的角度分析了我国产业转型升级的体制机制障碍。在借鉴已有理论分析的基础上,构建了政府过度干预、要素价格扭曲、产业要素投入结构变化至产业结构演进的一个传递机制,进一步运用实证方法进行检验。主要结论如下:

(1)资本、劳动力及土地要素的价格均存在扭曲现象。其中,资本要素价格的扭曲程度尤为严重,并且东部地区的扭曲程度最高。但近年来,中部地区资本要素价格的扭曲程度有赶超东部地区的趋势。劳动力要素价格的扭曲程度虽有所加大,但相对其他要素偏低,地区间差异始终较小。土地要素价格的扭曲程度在金融危机之后骤增,且中、东部地区相对于西部地区的扭曲程度更大。

(2)资本、劳动力、土地 3 种要素价格扭曲均不利于产业结构调整及全要素生产率的提高,且资本要素价格的扭曲对产业发展的负向作用最为显著。这说明,当资本价格扭曲程度相对较大时,包括传统劳动密集型行业在内的各种行业都会倾向于更多地使用资本要素,这造成产业内资本的过度深化。那么,劳动密集型产业的衰退进程将减慢,导致产业结构调整优化的进程放缓。

(3)地方政府补贴对产业结构调整及全要素的提升均呈现负向作用,这说明政府不当的支出会影响产业之间要素投入结构,导致产业重复建设、资源使用效率低等问题,进而抑制了产业结构的调整与优化。

可以看出,政府通过扭曲要素市场价格、提供补贴的方式过度干预产业发展,使得市场配置资源的机制失效,导致产业结构调整的进程滞后。相关问题的解决方案如下:

(1)深入推进要素市场化改革,形成能够反映要素稀缺性的价格体系。在资本市场上,加快利率市场化进程,使利率能够反映资本使用的真实成本,让资本市场真正成为企业融资、投资者获利的理想渠道。同时,理顺地方政府与银行的关系,进一步硬化银行预算约束,降低企业投资行为中的风险外部化问题,提高企业投资资金中自有资金的比例。在土地要素市场上,要深化土地市场改革,尤其是明晰土地产权,建立土地价格评估机制,同时加强对地方政府的监管,从根本上杜绝地方政府的低价甚至零价供地行为。在劳动力市场上,推进户籍制度改革,促进形成劳动力要素在城乡之间、地区之间自由流动的市场机制,使劳动力要素价格真实反映市场的供求状况,实现劳动力资源的优化配置。

（2）改善政府管理方式,杜绝政府在产业发展上的"越位"。我国价格要素扭曲源于政府所实施的各种产业扶持政策和经济体制改革不彻底而遗留下来的各种问题。因此,政府需改变以经济增长为考核重心的体制,理顺中央与地方政府之间的利益分配机制,确保地方财政透明化,消除地方政府对产业发展进行不当干预的动机。

第 *6* 章

产业转型升级的体制机制障碍之二：
市场主体地位缺失

　　新结构经济学认为,在产业发展的任一阶段,市场应为基础性的调节机制。市场对产业结构的调节机制主要表现为市场供给与需求两个方面,从供给角度看,市场通过发挥其配置资源的功能,以价格信号的方式反映要素供需、产品供需、竞争强弱等情况,引导经济资源向效益高的领域流动,促使生产经营者紧随现实需求改进生产技术,提高生产力水平。从需求角度看,消费需求与产业结构变化互动的关系推动了产业不断优化升级,而投资需求的关联效应会带动产业发展。上一章所讨论的政府过度干预使得市场资源配置机制失效,影响了产业间要素投入结构的变化,阻碍了产业转型升级的发展,实质上也是从供给侧讨论了市场主体地位缺失后,对产业发展带来的影响。

　　本章将讨论市场需求侧主体地位缺失对产业发展的影响。具体章节内容如下:第一节在回顾需求结构理论的基础上,探讨当市场需求主体地位缺失时,市场需求调节机制失效,进而影响产业转型升级的机制;第二节对回归模型的变量和数据进行选取,同时给出基本的数据统计分析;第三节进行实证分析和稳健性检验,并在本章最后部分予以总结。

6.1　理论分析

　　市场需求对产业转型升级的作用机制主要是消费需求、投资需求以及两者的变动对产业发展产生影响。消费需求为影响产业结构调整与优化的直接因素,消费结构的升级将引起现有价格体系的变动,进而引导资源在不同产业间流动,当居民收入提高时消费再次升级,引起新一轮的产业结构调整。投资需求主要通过投资的需求效应与供给效应作用于产业结构的调整,投资的供给效应通过产业的关联效应而带动各个产业的发展。此外,消费需求与投资需求的结构变动引起产业结构的调整优化。具体机制如下:首先,在经济发展的初始阶段,消费需求占主导,产业结构以第一产业为主;其次,在经济发展的工业化中期阶段,消费结构逐渐由食品主导型向工业消费品转变,产业结构表现为以第二产业为主;最后,在经济发展的工业化后期,消费结构表现为由工业消费品主导型阶段向服务业消费品主导型阶段转变,对第二产业的投资需求逐渐放缓,第三产业增加值占比将会逐渐增加。

在我国政府主导的经济体制下,上述市场需求的调节机制失效,从而制约了产业结构调整的进程。在财政分权和以经济考核为重心的政府官员晋升制度下,地方政府倾向于过度干预企业投资。同时,土地和环境方面的模糊产权与金融体系的预算软约束为政府干预企业投资提供了条件(江飞涛、耿强、吕大国等,2012)。因此,地方政府与其所管辖企业逐渐形成了具有共同利益的大型企业集团,致力于推动地区经济规模扩张,而不考虑生产的经济成本与效益(周黎安,2007),从而导致投资需求不合理扩张,出现了"潮涌现象"①。在这种情况下,一方面,企业长期依赖固定资产投资扩张规模,对进行技术创新活动内无动力、外无压力,产业转型升级无从产生,从而延续了技术水平差、结构失衡、附加值低等一系列问题;另一方面,地方政府给予所辖企业各项优惠政策,采取地方保护主义等措施,降低了企业进入市场的壁垒,并提高了企业的退出壁垒,进而导致了产业重复建设等问题。

可以看出,市场需求调节产业结构的机制失效,强化了政府主导投资的发展模式,使得企业长期依靠粗放式的投资扩张,形成了产业发展方式粗放、产品附加值低等问题,制约了产业转型升级的进程。

6.2 实证分析

本节在上节理论分析的基础上,构建了以下回归模型:

---

① 林毅夫认为,"潮涌现象"常出现在快速发展阶段的发展中国家,由于产品创新能力不足,产业发展主要依靠复制和模仿,发展潜力巨大的产业会引来大量资金涌入,导致产能过剩的"潮涌现象"。在政府主导经济的发展模式下,政府过度干预企业投资行为,是产生这一现象的重要原因。

$$\ln ind_{it}(\ln tfp_{it}) = \alpha + \beta_1 \ln TD_{it} + \beta_2 \ln ED_{it} + \beta_3 \ln csm_{it} + \beta_4 invest_{it} + \beta_5 \ln ex_{it} + \varepsilon_{it}$$
$$(6.1)$$

其中，被解释变量 ind_{it} 表示第 i 个省在第 t 年的产业转型升级指标，国内外经典文献所提出的产业升级测度指标通常为产业比重和产业效率，后者尤指技术进步或创新。鉴于此，本书同样设定了两个指标以反映转型升级的程度：一是产业结构调整指标，即各省历年第三产业与第二产业的产值比（ind），以此反映产业结构的合理程度；二是工业生产率指标，即 TFP，以此测度各省产业的发展质量。具体变量含义如下：

①投资需求（$invest_{it}$），即各个省份每年的投资需求额。②消费需求（$\ln csm_{it}$），即各个省份每年的总消费需求额。③需求规模（TD），较多学者采用国内生产总值或人均国内生产总值衡量一国市场总需求规模。④有效需求规模（ED）。较多学者认为在产业经济层面，主营业务的需求对产业结构调整有着更为直接的作用。同时，鉴于进口产品会对本国企业产品产生一定的替代效应，本书依据相关有效需求的理论研究，用企业主营业务收入扣除三资企业主营业务收入的值，代表对本土企业产品的需求，即有效需求规模（孙晓华、李传杰，2010）。

6.2.1 数据来源与描述性统计

本书选取 2001—2014 年我国 31 个地区的工业企业样本数据。各指标数据来源于《中国统计年鉴》《中国工业经济统计年鉴》[①]。土地相关指标数据来自历年《中国国土资源统计年鉴》。TFP 测算中所使用的数据来自《中国统计年鉴》、国家统计局网站公布的数据。第三产业比第二产业的值、国有工业所占比重、政府财政支出均来自历年的《中国统计年鉴》。如上完成所有变量的数据搜集，相关描述性统计如图 6.1、表 6.1 所示。

从图 6.1 可以看出，长期以来，消费需求与第三产业的发展趋势基本一致，说明消费需求可以促进产业结构优化。相对于消费需求，投资需求波动较大，特别在 2009 年陡然增加。这可能是因为受金融危机的影响，政府为稳定经济增长刺激投资需求扩张，但并未促进产业结构的优化。此外，出口需求的波动

---

① 主要是各地区规模以上工业企业主要经济指标及全部国有及规模以上非国有工业企业主要经济指标。

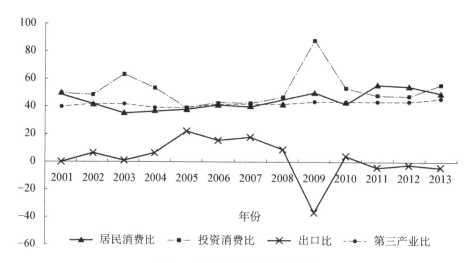

图 6.1 需求结构的描述性统计

数据来源:《中国统计年鉴》。

表 6.1 变量的符号和描述性统计

变量	符号	观测值	均值	标准差	最小值	最大值
产业结构调整	ind	434	0.922	0.4381	0.4944	3.4433
全要素生产率	$\ln tfp$	368	0.8671	0.3735	−2.0999	1.2481
市场需求规模	$\ln TD$	434	24.394	2.0044	18.2842	28.6713
有效需求	$\ln ED$	433	8.3403	1.5578	2.7187	11.6403
消费需求	$\ln consume$	434	7.9548	1.0907	4.1921	10.3796
投资需求	$\ln invest$	403	7.9061	1.1731	3.8179	10.3402
出口需求	$\ln ex$	434	24.6871	1.7949	20.3249	29.0063

较大,特别是在 2009 年,出口需求大幅下降,出口需求与投资需求形成强烈的反差对比。然而,我们发现,无论是投资需求的刺激,还是出口需求的乏力,对第三产业的提升并没有明显作用。因此,刺激消费需求才能有效促进第三产业的发展。

从表 6.1 可以看出,我国消费需求的水平相对比较低,出口需求水平较高,市场总需求规模虽然庞大,但是有效需求却相对较小。企业对国内本土产品的需求较少,只有市场总需求规模的约 1/3。这说明我国最终产品的生产部门未积极采用国内的技术或产品,而倾向于直接从国外引进,造成了国外产品代替了国内的同类产品,从而对我国本土产品产生了强烈的"需求挤出"效应,这不利于我国本土产业的成长与发展。

6.2.2　实证过程与结果分析

本书运用式(6.1)进行回归分析,得到如下的估计结果(见表 6.2)。

表 6.2　市场需求对产业转型升级影响模型的估计结果

变量	IND	TFP
$\ln TD$	0.064** (2.417)	0.048** (2.418)
$\ln ED$	−0.155*** (−3.152)	−0.247*** (−5.532)
$\ln consume$	0.772*** (13.074)	0.244*** (4.736)
$\ln invest$	−0.349*** (−7.302)	−0.383*** (−7.809)
$\ln ex$	−0.103*** (−4.099)	−0.029 (−1.254)
$scale$	−0.026 (−1.081)	0.001** (2.033)
$cons$	0.057 (0.098)	−0.528** (−2.177)
N	402	338
R^2	0.349	0.534
adj. R^2	0.285	0.526

注:①括号内为 t 值;②*、**、*** 分别代表参数在 10%、5%、1% 水平上显著。

从表 6.2 的回归结果可以看出:

(1) 投资需求对产业结构的优化升级为显著的负向作用,且不利于 TFP 的提高。这说明长期以来,在我国政府主导的经济体制下,市场需求调节机制失效,以投资需求拉动经济的模式导致了投资过热、盲目建设等现象,以及资源配置效率低、产业发展方式粗放、产能过剩等问题,制约了我国产业结构调整与优化升级的进程。

(2) 消费需求有利于产业结构的调整,同时还可有效提升 TFP。这说明我国的消费者在市场上处于有利地位,能够对市场有一定的控制能力。随着消费需求的上升,能带动许多相关消费品需求的上升,同时拉动相关产业的开拓和发展。但是总体上看,我国消费水平不高,对产业发展的带动作用有限。

(3) 出口需求对我国产业结构及 TFP 的提升均为负向作用。这说明我国出口集中的产业目前仍主要为劳动密集型行业,本土企业被封锁在低附加值和全球价值链低端制造环节,这不利于产业生产效率以及附加值的提高。

(4) 有效需求规模对我国的产业结构调整为负向作用,并且不利于 TFP 的提高。这可能是因为,在我国以出口为导向的经济发展模式下,产品出口必须满足发达国家的技术标准和国外消费者的需求,但是我国国内技术水平无法满足这一现实情况。因而,我国最终产品的生产部门未积极采用国内的技术或产品,而是直接从国外引进。其后果是,增加对国外技术和产品的需求加速了国外技术和产品对国内同类产品的替代,产生了强烈的"需求挤出"效应,进而引起本土企业有效需求规模的萎缩,不利于产业结构调整与生产效率提升。

6.2.3 稳健性检验

为了检验上述回归结果的稳健性,本小节采用分样本检验的方法,即将全国数据分为东部、西部、中部 3 个区域,分别对产业调整指数 TFP 进行回归分析,参数估计如表 6.3 所示。

表 6.3 稳健性检验:以东部、西部、中部为 3 个样本对 IND 及 TFP 回归

变量	IND			TFP		
	东部	中部	西部	东部	中部	西部
$\ln TD$	−0.053 (−0.787)	0.020* (2.192)	0.069** (2.264)	−0.113*** (−5.311)	0.053** (−1.818)	0.096* (1.675)
$\ln ED$	−0.275*** (−3.456)	−0.669*** (−6.215)	0.018 (0.141)	−0.060*** (−2.454)	−0.090*** (−2.378)	−0.193*** (−2.931)
$\ln consume$	0.992*** (11.136)	0.646*** (6.744)	0.197* (1.879)	0.080** (2.645)	0.153 (1.353)	0.240 (0.136)

（续表）

变量	IND			TFP		
	东部	中部	西部	东部	中部	西部
ln invest	−0.298***	−0.053*	−0.172**	0.055*	−0.091*	−0.584***
	(−3.549)	(−2.752)	(−2.527)	(1.043)	(−2.587)	(−5.513)
ln ex	−0.035*	0.016	−0.101***	−0.138***	−0.061***	0.066
	(−2.565)	(0.473)	(−3.442)	(5.796)	(2.754)	(1.130)
scale	−0.012	0.265***	−0.022	0.014***	0.227***	0.120***
	(−0.425)	(2.916)	(−0.211)	(2.626)	(2.963)	(2.557)
cons	0.014	−1.488**	1.589**	−0.272	0.009	−2.879***
	(0.011)	(−2.301)	(2.077)	(−1.144)	(0.006)	(−2.968)
N	182	78	142	153	68	117
R^2	0.475	0.689	0.290	0.529	0.130	0.593
adj. R^2	0.413	0.637	0.199	0.510	0.044	0.571

注：①括号内为 t 值；②*、**、*** 分别代表参数在 10%、5%、1% 水平上显著。

从表 6.3 可以看出，投资需求对东部产业结构调整的负向作用相对最大，而对 TFP 却有正向作用，这可能是因为东部地区的投资需求逐渐偏向于高端制造业，所以投资需求虽不利于产业结构优化，但是生产效率却得到提升；投资需求对中、西部地区的产业结构调整与 TFP 提升均为负向作用，这说明中、西部地区投资方式仍比较粗放。消费需求对东、中、西部的产业结构调整均为正向的促进作用，说明消费需求有效地促进了第三产业的发展，但是消费需求仅提升了东部地区的 TFP，说明东部地区消费需求层次相对中、西部地区高，可以提高相关产业的生产率。整体上看来，分样本回归结果基本与上文实证结果一致，验证了回归结果的稳健性。

6.3 本章小结

在我国政府主导的经济体制下，加上财政分权以及以经济增长考核为重心的晋升制度，地方政府过度干预企业进入、退出产业等决策，导致市场需求调节产业结构的机制失效。投资需求的盲目扩张、需求结构的不合理，造成产业发展方式粗放、产能过剩等问题，制约了我国产业结构调整与优化升级的进程。

通过实证检验发现,投资需求对产业结构的优化升级有显著的负向作用,同时不利于 TFP 的提升,这说明政府主导投资拉动经济的发展模式,会产生资源配置效率低、盲目投资、重复建设等现象,不利于产业结构的调整与优化升级,更不利于 TFP 的提升。消费需求有利于产业结构的调整,同时还可有效提升TFP,这说明我国的消费者在市场上处于有利地位,对市场有一定的控制能力。随着消费需求的上升,能带动许多相关消费品需求的上升,同时拉动相关产业的开拓和发展。但是总体上看,我国消费水平不高,对产业发展的带动作用有限,并且大部分地区的消费结构层次低,不利于 TFP 的进一步提升。相关问题的解决方案如下:

(1)转变政府主导的投资拉动经济的发展模式,将工作重心转移到发展服务产业和优化产业发展环境上。政府应在以市场需求为导向的基础上,结合各地区的禀赋特征,梳理产业发展状况与所面临的困境,判断产业发展是否需要政府支持,并应致力于解决企业自身无法解决的外部性障碍、软硬件基础设施方面的问题。

(2)充分利用市场机制,寻找消费引发的产业发展方向与空间。一方面,为居民构建良好的消费预期,刺激居民消费。通过完善收入分配制度,优化公共服务体系,健全居民基本的医疗制度与养老保险制度,扩大边远农村居民的覆盖面,鼓励引导多层次社会保险系统,建立综合性、多层次的社会保险系统,设立重大疾病、教育等援助基金等;另一方面,培育新的消费增长点,树立绿色消费理念,促进消费结构升级。随着新技术、新产业、新商业模式的涌现,新的消费热点也将应运而生。政府应通过公共采购、应用示范、价格补贴、消费税减免等方式,引导居民在数字文化、教育、健康、医疗等产业的消费;通过公共付费方式,如为居民和企业发放相关消费券,向特定人群发放教育券等,鼓励居民树立绿色消费理念,实现以消费结构升级带动产业升级。

第 **7** 章

产业转型升级的体制机制障碍之三：
企业自生能力不足

从微观层面看，产业的转型升级实质上是企业的转型升级。关于企业转型升级的概念目前尚未有明确定义，已有文献较多地从企业转型与企业升级两个方面进行表述。企业转型是指企业跨行业、跨领域转型，如生产经营方向转为不同行业，或者企业由原有核心技术转入新的领域（吴家曦、李华燊，2009）；而企业升级是指企业通过获取技术创新、市场控制等能力，从而进入更高附加值的资本密集型、技术密集型行业（Poon，2004），表现为企业产品的附加值不断增加，在产品链或价值链的地位逐渐提升。总之，企业的转型与升级是相互联系、不可分割的概念，其过程涉及技术创新、经济体制等多方面的变革。而在这个转变过程中，企业技术创新起到了极为重要的作用，它推动企业在不同行业转变，进入高附加值生产环节。因此，企业转型升级实质上是企业技术创新能力不断提升的过程（金碚，2011；徐康宁、冯伟，2011）。为了简化分析，本书借鉴已有研究的做法，用技术创新衡量企业转型升级。那么，研究企业转型升级的体制机制障碍，实质上也是分析抑制企业技术创新能力提升的体制机制。

前文从宏观层面分析了产业转型升级的体制机制障碍，本章将延续前文的思路，分析在政府过度干预及市场主体地位缺失的体制下，微观企业转型升级的体制机制障碍，即企业技术创新的体制机制障碍。国有企业是我国体制安排的微观表征，最能体现体制因素对企业技术创新的影响作用。因此，本章从企业所有制角度出发，探讨分析企业技术创新的机制。具体包括以下内容：

（1）探讨了在政府主导经济的体制背景下，政府采取补贴、要素价格扭曲等方式是否会对企业技术创新产生影响，并且是否会因企业所有制差异而产生不同效果；并进一步提出"政府干预—企业自生能力—企业技术创新能力"的传导机制,探讨企业自生能力的中介作用。

（2）构建模型、选取变量以及变量的统计分析。

（3）实证分析,并给出主要结论。

7.1 理论分析与假设

7.1.1 政府干预与企业技术创新

企业进行技术创新的过程会面临知识溢出、风险大等问题,造成市场在创新资源配置和调节时出现失灵的现象(Arrow, 1962)。因此,政府会通过制定各种产业政策、财政政策鼓励企业进行技术创新,甚至直接参与企业的创新活动(Kang&Park, 2012)。政府扶持企业进行技术创新的方式主要包括:财政直接补贴、税收优惠与减免、压低生产要素价格等。本部分沿用前文分析,重点关注政府补贴、要素价格扭曲对企业技术创新的影响。

政府补贴可以降低企业在技术创新过程中的边际成本与不确定性,还可以降低企业在技术创新活动过程中所面临的风险,从而激励企业进行技术创新活动(Hussinger, 2008; Almus&Czarnitzki, 2003)。此外,由于创新过程中企业与投资者之间存在经营的不确定性与信息的不对称性,政府补贴还可以为企业贴上"可信任"的标签,成为利好的投资信号传达给其他投资机构,从而帮助企业获得更多外部融资(Kleer, 2010; Feldman&Kelley, 2006;杨洋、魏江、罗来军,2015)。然而,对不同所有制的企业而言,政府补贴对企业技术创新的效果可能存在差异。对于国有企业而言,获得政府补贴可能会加剧其原有的资源冗余问题,加上政企不分产生的多重代理问题、监管不严及预算软约束等,因而选择规避风险,不去进行创新活动[①]。因此,政府补贴对国有企业技术创新的正向促进作用可能并不明显,甚至可能产生抑制作用(杨洋、魏江、罗来军,2015)。对于非国有企业而言,获得政府补贴可以帮助其缓解技术创新资金匮乏的问题,降低技术创新活动中的风险,从而更好地将已有创新资源转化为创新产出。此外,获得政府补贴可以贴上被行业所认可的标签,得到更多私人投资、银行等

---

① 由于国有企业通常由地方或中央政府经营控制,当它们面临损失时,政府会给予其额外资助、税收减免、补偿金等,造成国有企业的预算软约束问题。

部门的支持，从而更高效地进行技术创新活动。由此，本书提出研究假设 1：政府补贴对企业技术创新具有重要的影响作用，并且对不同所有制企业产生不同的效果。

要素的相对价格决定了企业的产品结构和要素配比，并由此影响企业从事技术创新活动的动机。扭曲的要素价格会向企业传递错误的禀赋信号，使企业的技术创新活动因禀赋错示而受到相应的影响。例如，当劳动力要素价格被相对低估时，企业倾向于更多地使用劳动力要素，导致创新活动停留在劳动密集型领域与生产环节（黄鹏、张宇，2014；张杰、周晓艳、李勇，2011）。要素价格扭曲同样会对不同所有制企业的技术创新产生不同的效果。对于国有企业而言，国有企业本身具有丰富的资源，对要素价格变化可能并不敏感。而对于非国有企业而言，要素价格变化时刻影响其生产、经营、决策等活动。由此，本书提出假设 2：要素价格扭曲对企业技术创新具有重要的影响作用，并且非国有企业相对于国有企业对要素价格扭曲更敏感。

7.1.2 企业自生能力与技术创新

新中国成立伊始，政府为优先发展重工业而推行赶超战略，鼓励企业优先发展不具备比较优势的产业和技术，使企业成了肩负经济责任和政治使命的复合体，国有企业应运而生。同时，政府不得不给予企业各种优惠政策、补贴，并通过扭曲要素市场价格来维持企业的生存与发展，而被保护的企业实质上在正常市场竞争中是没有自生能力的。在此背景下，林毅夫提出了企业自生能力的概念，从广义上看，企业自生能力是指企业可以在市场竞争中获得正常的利润；从狭义上看，企业自生能力指的是国有企业的自生能力，以及其背后包含的体制与制度安排的问题。

对于国有企业而言，与政府间的密切关系使其可以获得低成本的生产要素，在市场准入、融资、政府补贴等方面得到比非国有企业更多的政策倾斜。在面临损失时，国有企业可以得到政府资助、税收减免及其他补偿金，进而产生预算软约束的问题（Liang et al., 2012；Lin, 1999）。此外，国有企业也承担着冗余员工、政策性任务等责任（Lin, 1999）。因此，国有企业长期依赖于政府的体制内环境，回避激烈的市场竞争，并获得了丰厚的垄断利润，造成企业自生能力不足，从而内无动力、外无压力去进行创新活动。

近年来,许多学者将企业自生能力的研究延伸到了非国有企业。将企业自生能力与技术创新之间的关系理解为:企业只有在市场竞争中获得正常的利润,才可以进一步实现资本积累,进而在市场竞争的激励下,进行更多的技术创新活动。由此,本书提出研究假设3:企业自生能力是影响企业技术创新的重要因素,并且因企业所有制差异而产生不同的效果。

7.1.3 企业自生能力的中介作用

政府干预对企业技术创新的影响,会通过影响企业自生能力进一步对企业技术创新产生作用,即企业自生能力在政府干预与企业技术创新之间存在中介作用。自生能力较强的企业,拥有较好的生产、经营、组织能力,在市场上可以获得较强的竞争力以及较高的利润。如果其获得政府补贴,不仅可以解决创新过程中资源匮乏、融资难、风险高等问题,还可传递出获得政府认可的信号,从而能够获取更多的社会融资来推进技术创新(Chen et al., 2012),进一步获得更强的市场竞争能力及更高的利润,使得企业自生能力得到提升,促进企业开展更多的创新活动。而自生能力不足的企业,其在市场中的竞争力较低,获得政府补贴对其作用可能并不明显。例如,对于国有企业而言,其不具有灵活自主权,获得政府补贴反而可能会加剧其资源冗余问题,加上预算软约束、资源浪费等现象,导致补贴所具有的正向激励作用可能并不明显,甚至反而会带来负向作用。由此本书提出假设4:政府补贴会通过影响企业自生能力进而对企业技术创新产生影响,并且因企业所有制差异而产生不同的效果。

要素价格扭曲同样会通过影响企业自生能力,进一步对企业技术创新产生作用。当要素价格出现扭曲时,企业会依据错示的价格信号安排生产,企业自生能力因此会受到影响,从而进一步影响企业技术创新行为。如当劳动力要素价格相对扭曲时,企业倾向于过度使用廉价劳动力,生产方式粗放,产品附加值低,使得企业自生能力下降,进而不利于企业技术创新行为。这一传导机制同样可能因为企业所有制产生差异。对于国有企业而言,与政府的密切联系使其能获得低成本的生产要素,这种依靠政策性的收益会挤出和替代创新活动(戴静、张建华,2013)。此外,国有企业的"所有者缺位"现象使其决策更多服从于上级管理,其创新活动对于要素市场的价格可能并不太敏感。由此本书提出假设5:要素价格扭曲通过影响企业自生能力进而对企业技术创新产生影响,并且因企业所有制差异而产生不同的效果。

综上所述，本书的理论分析模型如图 7.1 所示。

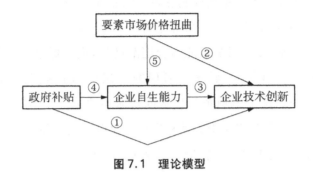

图 7.1　理论模型

7.2　模型、变量与特征事实

7.2.1　模型设定与分析

本书借鉴 Wooldridge(2010)的方法来构建数据分析模型。首先，我们要处理的数据是在跨年度的同一单位（企业）的重复观测值，适合用面板方法；其次，Hausman 检验结果显示解释变量和非观测的个体效应之间是相关的，因此采用固定效应。为了检验政府过度干预对企业创新的影响，特设定模型如下：

$$NewP_{ijt} = \alpha + \mu_i + e_{it} + \beta_1 viability_{it} + \beta_2 subsidy_{it} + \beta_3 kdistortion_{jt}$$
$$+ \beta_4 ldistortion_{jt} + \beta_5 sdistortion_{jt} + \beta_6 subsidy_{it} \times viability_{it}$$
$$+ \beta_7 kdistortion_{jt} \times viability_{it} + \beta_8 ldistortion_{jt} \times viability_{it}$$
$$+ \beta_9 sdistortion_{jt} \times viability_{it} + \beta_{10} control_{it}$$

$$(7.1)$$

其中，$NewP$ 为衡量企业技术创新的指标。$viability_{it}$ 表示企业自生能力，$subsidy_{it}$ 代表了政府补贴，$kdistortion_{jt}$、$ldistortion_{jt}$、$sdistortion_{jt}$ 分别表示资本要素的扭曲程度、劳动力要素的扭曲程度、土地要素的扭曲程度。政府补贴与要素价格扭曲程度用于衡量政府的干预程度，交乘项用于衡量企业自生能力是否在政府干预(包括政府补贴、要素价格扭曲)与企业创新之间起到中介作用。

此外,模型还加入了一系列控制变量。①企业规模($size_{it}$)。熊彼特认为,规模越大的企业创新能力越强。②企业年龄(age_{it})。较多研究认为,随着企业年龄的增加,企业管理、组织等能力会逐渐增强,进而促进企业的技术创新。③出口($export_{it}$)。近年来,较多学者研究了出口对企业创新的影响作用。④研发投入(rd_{it})。这是影响企业技术创新活动的关键因素。⑤资本密集度(kl_{it})。资本密集型企业相对于劳动密集型企业更注重创新。在计量模型中,i 代表第 i 个企业,j 代表第 j 个省份,t 代表年份(2003—2007 年),μ_i 为不可观测的效应,e_{it} 为残差,即为固定效应模型(FE)。

7.2.2 变量与数据的说明

本书数据取自中国工业企业数据库[①],由于国家统计局每年都要求各省、自治区、直辖市的各个企业按统一计算方法、统计口径和填报目录上交企业基本信息和财务信息,因而数据绝大部分符合准确性、一致性(Chow,1993)。时间跨度为 2003—2007 年[②]。本书还对原始数据做了以下处理:①删除了总产值、固定资产原值以及净值、中间投入、职工人数为负值的企业数据;②删除了固定资产原值低于固定资产净值的企业数据;③删除了工业增加值或中间投入高于总产值的企业数据;④删除了新产值为负的企业数据。最终获得 203 787 个观测值。

表 7.1 界定了变量的定义。企业技术创新一般通过研发支出、发明专利、新产品来衡量(Hagedoorn&Cloodt,2003;Freeman&Soete,1997)。研发支出在文献中的使用比较混乱,常常被用来代理测量众多内涵不同的概念,我们对此进行了控制。专利数也可代表企业的技术创新,但由于专利申请数相对较高,不能反映一些改进的创新。此外,一些企业出于商业机密的考虑,不愿申请

---

① 该数据库由国家统计局建立,以企业为考察对象,样本范围为全部国有工业企业以及规模以上非国有工业企业,统计单位为企业法人。

② 由于 2002 年中国颁布了新的经济行业分类,为了使行业口径前后一致,选取了从 2003 年开始的数据;同时,2008—2009 年的数据库中部分统计量缺失,因此选取了该数据库 2003—2007 年的数据作为样本。

专利(钱锡红等,2010)。相对而言,新产品产出能解决研发支出衡量创新的弊端,在一定程度上考虑了新产品的市场价值,且历年的统计比较齐全。因此,本书利用新产品占比来衡量企业技术创新。

表 7.1 变量的定义

变量	定 义	变量符号
企业创新	新产品产值占销售产值比	$NewP$
企业规模	企业就业人数取对数	$size$
企业年龄	企业成立年数	age
出口	企业出口量占销售产值比重取对数	$export$
研发投入	企业的研发投入取对数	rd
资本密度	企业固定资产与就业人数之比取对数	kl
企业自生能力	"企业利润率""是否为国有企业"	$viability$
政府补贴	政府补贴取对数	$subsidy$
资本要素扭曲	资本要素实际价格与资本边际产出比取对数	$kdistortion$
劳动力要素扭曲	劳动力要素实际价格与劳动力边际产出比取对数	$ldistortion$
土地要素扭曲	土地要素实际价格与土地边际产出比取对数	$sdistortion$

企业自生能力的概念广义上是指企业的获利能力,狭义上是分析国有企业自生能力及其背后体制机制存在的问题。因此,本书通过企业利润率来衡量企业的自生能力,并将数据分为国有企业与非国有企业,对比分析国有企业自生能力及非国有企业自生能力在企业技术创新活动方面的差异。

政府补贴与要素价格扭曲程度用于衡量政府的干预程度。要素价格扭曲包括资本要素价格扭曲程度、劳动力要素价格扭曲程度、土地要素价格扭曲程度,沿用第 5 章的测算结果(详见附录 A)。

7.2.3 描述性统计

表 7.2 给出了主要变量的描述性统计,为了更为直观地比较国有企业与非国有企业指标值的差异,将分为两组进行对比分析。可以发现,国有企业的研发投入、政府补贴都明显高于非国有企业,但是国有企业的创新能力(新产品产值占销售产值比重)为 0.027 7,明显低于非国有企业的 0.034 5。国有企业的自生能力(利润率)均值甚至为负,明显低于非国有企业的 0.036 2,且国有企业自生能力标准差较大,说明国有企业具有发展不均衡的特征。

表 7.2 变量的描述性统计

变量名	国有企业		非国有企业	
	平均值	标准差	平均值	标准差
企业创新	0.027 7	0.123 0	0.034 5	0.151 5
企业规模	1.588 7	0.280 3	1.519 8	0.228 0
企业年龄	28.056 5	17.805 7	8.829 7	10.426 8
出口	0.786 5	2.616 1	2.642 7	4.361 2
研发投入	0.002 6	0.018 0	0.001 7	0.017 4
资本密集度	4.055 0	1.446 5	3.591 0	1.372 1
企业自生能力	−0.207 1	30.358 4	0.036 2	2.410 0
政府补贴	6.394 6	2.135 1	4.266 2	2.122 3
资本要素扭曲程度	3.147 3	0.161 5	3.153 5	0.166 9
劳动力要素扭曲程度	2.429 7	0.181 6	2.393 7	0.181 8
土地要素扭曲程度	1.781 6	0.457 0	1.599 1	0.500 9

7.3 实证分析

7.3.1 主要回归结果分析

本书回归分析的思路如下,将企业数据分成国有企业与非国有企业两个部分,实证分析政府补贴、要素价格扭曲是否会对企业技术创新产生影响,并且是否会因企业所有制差异而产生不同效果。进一步检验政府的这些干预方式是否会通过影响企业自生能力进而影响企业的技术创新能力,即企业自生能力的中介作用,并且是否会因企业所有制差异而产生不同效果。具体如表 7.3 所示。

表 7.3 政府补贴对企业技术创新的影响

变量名	国有企业			非国有企业		
	创新			创新		
	M1	M2	M3	M4	M5	M6
企业规模	0.005 31***	0.008 28***	0.008 26***	0.004 88***	0.009 36***	0.009 39***
	(7.81)	(4.76)	(4.74)	(23.00)	(13.74)	(13.79)
企业年龄	0.000 064 1*	0.000 288*	0.000 289*	0.000 024 3**	0.000 363***	0.000 366***
	(2.44)	(2.44)	(2.44)	(3.63)	(4.62)	(4.65)

（续表）

| 变量名 | 国有企业 | | | 非国有企业 | | |
| | 创新 | | | 创新 | | |
	M1	M2	M3	M4	M5	M6
出口	0.009 08***	0.009 57***	0.009 58***	0.003 59***	0.005 33***	0.005 32***
	(33.61)	(16.87)	(16.87)	(74.30)	(34.75)	(34.74)
研发投入	0.515***	0.588***	0.588***	1.065***	1.138***	1.137***
	(16.35)	(8.28)	(8.28)	(77.19)	(45.97)	(45.95)
资本密度	−0.001 72**	−0.001 51*	−0.001 50*	0.003 38***	0.005 56***	0.005 55***
	(−3.20)	(−2.33)	(−2.33)	(23.36)	(10.49)	(10.48)
企业自生能力	0.000 000 98	0.004 63	0.006 89	0.000 354***	0.026 1***	0.008 26**
	(0.06)	(1.16)	(0.56)	(7.14)	(8.51)	(3.27)
政府补贴		−0.000 413	−0.000 420		0.003 03***	0.002 83***
		(−0.42)	(−0.43)		(9.31)	(8.55)
政府补贴 * 企业自生能力			−0.000 346			0.003 54**
			(−0.19)			(3.11)
_cons	0.000 132	−0.016 2	−0.016 1	−0.008 54***	−0.046 2***	−0.045 5***
	(0.03)	(−1.47)	(−1.46)	(−7.33)	(−12.41)	(−12.20)
N	18 393	18 393	18 393	185 394	185 394	185 394

注：①括号内为 t 值；②*、**、***分别代表参数在 10%、5%、1%水平上显著。

　　表 7.3 给出了政府通过补贴形式影响企业技术创新的实证结果。从 M2 模型与 M5 模型可以看出，政府补贴对国有企业的技术创新并无显著影响，对非国有企业的技术创新却有明显的促进作用。这说明对于国有企业来说，获得政府补贴反而加剧了原有的资源冗余问题，加上国有企业所有者缺位、预算软约束、监管不严等问题，国有企业选择规避风险而不是选择技术创新。而对于非国有企业而言，获得政府补贴可以降低技术创新活动过程中的成本与不确定性，减少企业进行技术创新活动所面临的风险，从而鼓励了企业的技术创新活动。因此，政府补贴对企业创新的影响，会因企业所有制差异而呈现出不同的结果，这一结果验证了假设 1。

　　从自生能力对企业技术创新的影响看，M1 模型可以得出，国有企业自生能力对企业创新并无显著作用，这说明由于国有企业长期依赖于体制内环境，以政治优势获得低成本生产要素、政策扶持等,并获得丰厚的垄断利润,当面临损失时还可以得到补贴,从而回避了激烈的市场竞争。因此,国有企业内无动力、外无压力去进行技术创新活动,其自生能力对企业技术创新并无影响。从M4模型可以看出,非国有企业的自生能力对企业创新具有正向的促进作用,在市场竞争的激励下,企业自生能力越强则越倾向于进行创新活动以保持其优势地位。因此,企业自生能力对企业技术创新的影响,因企业所有制差异而表现出不同的结果,这验证了本书假设2。

为验证政府补贴是否会通过影响企业自生能力从而影响企业技术创新,即企业自生能力是否在政府补贴与企业技术创新之间存在中介作用,M3模型与M6模型都加入了政府补贴与企业自生能力的交乘项。从M3模型看出,政府补贴与企业自生能力的交乘项系数不显著,政府补贴对国有企业自生能力无显著影响,进而对企业创新无明显的作用,说明政府虽然给予国有企业一系列优惠政策、补贴等,但是并没有提升企业的自生能力,进而也没有促进企业的技术创新行为。从M6模型可以看出,政府补贴与企业自生能力的交乘项系数显著,说明政府补贴可以提升非国有企业自生能力,并进一步增强了政府补贴对企业创新的促进作用,即非国有企业自生能力在政府补贴与企业创新之间存在中介作用。因此,企业自生能力的中介作用因企业所有制的差异呈现不同结果,这也验证了假设3。

在其他变量中,企业规模有利于技术创新活动,说明大企业在技术创新方面具有一定的规模优势。研发投入有利于企业技术创新,但是与非国有企业相比,国有企业研发投入的促进作用相对较低。资本密度对企业创新的影响因企业所有制的差异而呈现出不同的效果。

表7.4给出了要素价格扭曲影响企业技术创新的实证结果。从M2模型与M5模型可以看出,资本要素价格扭曲抑制了企业技术创新,并且对非国有企业技术创新的抑制效应大于国有企业。这可能是因为当资本要素价格扭曲时,企业倾向于使用更多的资本要素,并可能将资本投入周期短、回报高的投机活动,而不会将其用于投入研发周期长、风险更高的技术创新活动。此外,由于资本要素与劳动要素存在一定的可替代性,资本要素对劳动力要素的替代导致企业维持了原来粗放的生产模式,从而不利于企业创新。而且相对于国有企业,非国有企业拥有自主的经营管理权,从而能更为灵活地改变生产经营决策。

表7.4　要素价格扭曲对企业技术创新的影响

变量名	国有企业 创新			非国有企业 创新		
	M1	M2	M3	M4	M5	M6
企业规模	0.004 57*** (8.55)	0.000 434* (2.36)	0.000 447* (2.37)	0.005 72*** (33.84)	0.000 433 (1.08)	0.000 471* (2.39)
企业年龄	0.000 013 2* (2.35)	0.000 063 1* (2.77)	0.000 062 9* (2.76)	0.000 876** (5.73)	0.000 016 9* (2.44)	0.000 021 9* (2.58)
出口	0.011 0*** (43.85)	0.013 9*** (23.33)	0.013 9*** (23.33)	0.003 51*** (85.62)	0.005 62*** (49.57)	0.005 50*** (49.00)
研发投入	1.413*** (38.62)	1.346*** (23.75)	1.346*** (23.73)	1.513*** (152.20)	1.234*** (88.20)	1.847*** (106.82)
资本密度	−0.002 75*** (−5.99)	−0.005 31*** (−5.38)	−0.005 32*** (−5.39)	0.004 42*** (36.02)	0.000 526** (2.77)	0.000 572** (2.94)
企业自生能力	0.000 000 194 (0.01)	−0.000 000 33 (−0.02)	0.019 8 (0.63)	0.000 596*** (9.01)	0.000 431*** (5.66)	0.251*** (5.52)
资本要素价格扭曲		−0.071 4*** (−7.52)	−0.071 7*** (−7.53)		−0.127*** (−48.00)	−0.120*** (−45.10)
劳动力要素价格扭曲		0.003 89 (0.43)	0.003 55 (0.39)		0.018 0*** (6.40)	0.020 5*** (7.28)
土地要素价格扭曲		0.022 0*** (6.23)	0.022 1*** (6.24)		0.055 8*** (55.73)	0.053 7*** (54.08)
资本要素价格扭曲×企业自生能力			−0.003 47 (−0.48)			−0.020 8* (−2.07)

（续表）

变量名	国有企业			非国有企业		
	创新			创新		
	M1	M2	M3	M4	M5	M6
劳动力要素价格扭曲×企业自生能力			−0.00363 (−0.48)			−0.0669*** (−6.84)
土地要素价格扭曲×企业自生能力			−0.0000614 (−0.29)			−0.0131*** (−49.98)
_cons	0.00490 (1.60)	0.222*** (6.49)	0.224*** (6.52)	−0.0191*** (−20.99)	0.291*** (33.08)	0.265*** (29.71)
N	18393	18393	18393	185394	185394	185394

注：①括号内为 t 值；②*、**、*** 分别代表参数在10%、5%、1%水平上显著。

因此，非国有企业对要素价格的反应更为敏感，使得企业技术创新行为受资本要素价格扭曲影响更大。劳动力要素价格扭曲与土地要素价格扭曲有利于企业创新，这与我们的预期并不相符，这可能是因为我国制造业大部分还处于劳动密集型产业的加工、组装环节，当劳动力要素价格与土地要素价格扭曲时，企业倾向于过多使用这些要素，从而停留在这些粗放型生产环节，并促进了这些低端环节的技术改良与创新。

为验证要素价格扭曲是否会通过影响企业自生能力从而影响企业技术创新，即企业自生能力是否在要素价格扭曲与企业技术创新之间存在中介作用，M3 模型与 M6 模型加入了要素价格扭曲与企业自生能力的交乘项。从 M3 模型可以看出，3 种要素价格扭曲与国有企业自生能力的交乘项系数都不显著，即国有企业自生能力在要素价格扭曲与国有企业创新之间的中介作用不显著。

这说明国有企业由于自身资源相对丰富，对要素价格扭曲并不敏感，从而对企业自生能力及创新无明显的影响。从 M6 模型可以看出，3 种要素价格扭曲与非国有企业自生能力的交乘项均为负。从资本要素价格扭曲看，企业倾向于过多使用资本要素，并用于收益高、周期短的投机活动，这并不利于企业自生能力的提高，从而抑制了企业技术创新；从劳动力要素与土地要素价格扭曲看，如前文所述，劳动力要素价格与土地要素价格扭曲虽可以促进企业在低端环节的改良创新，但同时也会使企业过量使用廉价劳动力与土地要素，形成粗放的生产方式，获得较低的产品附加值，导致企业自生能力下降，反而制约了企业的技术创新活动。

7.3.2　稳健性检验

为了检验上述回归结果的稳健性，本小节采用多元回归的方法进行数据分析并重复上述实证步骤。将数据分为国有企业与非国有企业两个样本，实证分析政府补贴、要素价格扭曲等政府干预方式是否会对企业技术创新产生影响，并且是否会因企业所有制不同而呈现差异的结果，进一步检验政府干预是否会通过影响企业自生能力进而影响企业技术创新能力。实证结果如下。

表 7.5 给出了政府通过补贴方式影响企业技术创新的实证结果。从 M2 模型与 M5 模型可以看出，政府补贴对国有企业技术创新无明显的影响作用。对非国企业技术创新有显著的促进作用。因此，政府补贴对企业创新的影响，会因企业所有制差异而呈现出不同的结果，这一结果验证了假设 1。从企业自生能力对技术创新的影响看，从 M1 模型可以得出，国有企业自生能力对企业技术创新并无显著作用，非国有企业自生能力对企业技术创新有显著的促进作用，这验证了本书假设 2。

为验证政府补贴是否会通过影响企业自生能力从而影响企业技术创新，即企业自生能力是否在政府补贴与企业技术创新之间存在中介作用，M3 模型与 M6 模型都加入了政府补贴与企业自生能力的交乘项。从 M3 模型可以看出，政府补贴与企业自生能力的交乘项系数不显著，政府补贴对国有企业自生能力无显著影响，进而对企业技术创新无明显的作用。从 M6 模型可以看出，政府

表 7.5　稳健性检验:政府补贴对企业技术创新的影响

变量名	国有企业			非国有企业		
	创新			创新		
	M1	M2	M3	M4	M5	M6
企业规模	0.004 57***	0.005 65***	0.005 62***	0.005 72***	0.009 29***	0.009 31***
	(8.55)	(3.70)	(3.68)	(33.84)	(15.56)	(15.60)
企业年龄	0.000 013 2*	0.000 233*	0.000 235*	0.000 087 6***	0.000 330***	0.000 332***
	(2.35)	(2.39)	(2.41)	(5.73)	(5.02)	(5.05)
出口	0.011 0***	0.012 3***	0.012 3***	0.003 51***	0.006 34***	0.006 34***
	(43.85)	(23.83)	(23.83)	(85.62)	(45.47)	(45.46)
研发投入	1.413***	1.276***	1.276***	1.513***	1.955***	1.953***
	(38.62)	(15.89)	(15.89)	(152.20)	(73.20)	(73.03)
资本密度	−0.002 75***	−0.001 09**	−0.001 05*	0.004 42***	0.005 87***	0.005 86***
	(−5.99)	(−3.81)	(−2.48)	(36.02)	(12.21)	(12.19)
企业自生能力	0.000 000 194	0.008 16	0.018 1	0.000 596***	0.030 8***	0.017 4**
	(0.01)	(1.73)	(1.22)	(9.01)	(9.77)	(2.59)
政府补贴		−0.000 985	−0.001 02		0.003 78***	0.003 63***
		(−0.96)	(−1.00)		(11.61)	(10.95)
政府补贴×企业自生能力		−0.005 09	−0.001 56			0.002 64*
		(−0.56)	(−0.71)			(2.25)
_cons	0.004 90	−0.040 9***	−0.004 79	−0.019 1***	−0.056 8***	−0.056 3***
	(1.60)	(−11.58)	(−0.53)	(−20.99)	(−17.97)	(−17.74)
N	18 393	18 393	18 393	185 394	185 394	185 394

注:①括号内为 t 值;②*、**、*** 分别代表参数在 10%、5%、1%水平上显著。

补贴与企业自生能力的交乘项系数显著,说明政府补贴可以提升非国有企业自生能力,并进一步促进企业技术创新,即非国有企业自生能力在政府补贴与企业技术创新之间存在中介作用。这也验证了假设 3。

　　在其他变量中,企业规模、企业的研发投入均可以促进企业技术创新,而资本密度对企业技术创新的影响,会因企业所有制的不同而呈现不同的效果。相比较而言,这些结果与表 7.3 的结果一致,其他解释变量的符号、数值也基本一致,验证了回归结果的稳健性。

表 7.6 给出了要素市场价格扭曲影响企业技术创新的实证结果。从 M2 模型与 M5 模型可以看出，资本要素价格扭曲抑制了企业技术创新，并且对非国有企业技术创新的抑制效应大于国有企业。劳动力与土地要素价格扭曲促进了企业技术创新。

表 7.6　要素价格扭曲对企业创新的影响

变量名	国有企业			非国有企业		
	创新			创新		
	M1	M2	M3	M4	M5	M6
企业规模	0.004 57***	0.000 434***	0.000 447***	0.005 72***	0.000 433***	0.000 471***
	(8.55)	(8.36)	(8.37)	(33.84)	(7.08)	(7.19)
企业年龄	0.000 013 2*	0.000 063 1**	0.000 062 9*	0.000 087 6***	0.000 016 9*	0.000 021 9*
	(2.35)	(2.77)	(2.76)	(5.73)	(2.44)	(2.58)
出口	0.011 0***	0.013 9***	0.013 9***	0.003 51***	0.005 62***	0.005 50***
	(43.85)	(23.33)	(23.33)	(85.62)	(49.57)	(49.00)
研发投入	1.413***	1.346***	1.346***	1.513***	1.234***	1.847***
	(38.62)	(23.75)	(23.73)	(152.20)	(88.20)	(106.82)
资本密度	−0.002 75***	−0.005 31***	−0.005 32***	0.004 42***	0.000 526	0.000 572
	(−5.99)	(−5.38)	(−5.39)	(36.02)	(1.77)	(1.94)
企业自生能力	0.000 001 94	−0.000 000 33	0.019 8	0.000 596***	0.000 431***	0.251***
	(0.01)	(−0.02)	(0.63)	(9.01)	(5.66)	(5.52)
资本要素扭曲		−0.071 4***	−0.071 7***		−0.127***	−0.120***
		(−7.52)	(−7.53)		(−48.00)	(−45.10)
劳动要素扭曲		0.003 89	0.003 55		0.018 0***	0.020 5***
		(0.43)	(0.39)		(6.40)	(7.28)
土地要素扭曲		0.022 0***	0.022 1***		0.055 8***	0.053 7***
		(6.23)	(6.24)		(55.73)	(54.08)
资本要素扭曲×企业自生能力			−0.003 47			−0.020 8*
			(−0.48)			(−2.07)

（续表）

变量名	国有企业 创新			非国有企业 创新		
	M1	M2	M3	M4	M5	M6
劳动力要素扭曲×企业自生能力			−0.003 63 (−0.48)			−0.066 9*** (−6.84)
土地要素扭曲×企业自生能力			−0.000 061 4 (−0.29)			−0.013 1*** (−49.98)
_cons	0.004 90 (1.60)	0.222*** (6.49)	0.224*** (6.52)	−0.019 1*** (−20.99)	0.291*** (33.08)	0.265*** (29.71)
N	18 393	18 393	18 393	185 394	185 394	185 394

注：①括号内为 t 值；②*、**、***分别代表参数在 10%、5%、1%水平上显著。

为验证要素价格扭曲是否会通过影响企业自生能力从而影响企业技术创新，M3 模型与 M6 模型加入了要素价格扭曲与企业自生能力的交乘项。从 M3 模型可以看出，3 种要素价格扭曲与国有企业自生能力的交乘项系数都不显著，国有企业自生能力在要素价格扭曲与国有企业创新之间的中介作用不显著。从 M6 模型可以看出，3 种要素价格扭曲与非国有企业自生能力的交乘项均为负：从资本要素价格扭曲看，资本要素价格扭曲使得企业自生能力降低，从而不利于企业技术创新；从劳动力要素与土地要素价格扭曲看，企业过量使用廉价劳动力与土地要素，形成粗放的生产方式，获得较低的产品附加值，导致企业自生能力下降，反而制约了企业技术创新活动。

相比较而言，这些结果与表 7.4 的结果一致，其他解释变量的符号、数值也基本一致，验证了回归结果的稳健性。

7.4　本章小结

前文从宏观层面分析了产业转型升级的体制机制障碍，本章延续了前文的思路，分析在政府过度干预及市场主体地位缺失的体制下，微观企业转型升级的体制机制障碍，即企业技术创新的体制机制障碍。企业所有制是体制安排的微观表征，不同所有制企业在政府干预下表现出不同的技术创新行为。因此，本章从企业所有制角度出发，探究了政府补贴、要素价格扭曲对不同所有制企业技术创新的作用机制。

从政府补贴对企业技术创新的影响看，政府补贴可以通过降低企业技术创新成本与风险等鼓励企业进行技术创新。同时，政府补贴可以成为利好的投资信号传达给其他的投资机构，从而为企业获得更多外部融资，进一步刺激企业进行技术创新。此外，政府补贴还可通过影响企业自生能力进而影响企业技术创新。需要注意的是，上述机制对不同所有制的企业会产生不同的效果。

从要素价格扭曲对企业技术创新的影响看，扭曲的要素价格会向企业传递错误的禀赋信号，并由此影响企业从事技术创新活动。此外，要素价格扭曲会通过影响企业自生能力，进一步对企业技术创新产生作用。当要素市场价格扭曲时，企业会依据错示的价格信号安排生产，企业的生产方式、盈利水平都会有所改变，企业自生能力因此受到影响，从而进一步加强对企业技术创新的影响。同样的，上述机制对不同所有制的企业也会产生不同的效果。对上述理论分析进行实证检验，结果表明：

（1）相比非国有企业，政府补贴对国有企业的技术创新并无显著的促进作用。这说明对于国有企业来说，获得政府补贴反而加剧了原有的资源冗余问题，加上国有企业所有者缺位、预算软约束、监管不严等问题，国有企业选择规避风险而不是选择创新。而对于非国有企业来说，政府补贴可以降低创新的边际成本，减少创新所面临的风险，获得更多外部融资，从而刺激企业进行技术创新。

（2）相比非国有企业，政府补贴并没有提升国有企业自生能力，并进一步促进企业技术创新。这说明由于国有企业长期依赖于体制内环境，以政治优势获得低成本生产要素、补贴扶持、垄断利润等,并且面临损失时还可以得到补贴,这使其回避了激烈的市场竞争。因此,国有企业内无动力、外无压力去进行创新活动,其自生能力对企业技术创新并无影响。但是,政府补贴却可缓解非国有企业在创新过程中资金匮乏、融资难、风险高等问题,从而获得更强的市场竞争能力及更高的利润,使其自生能力得到提升,又进一步促进企业更多的创新活动。

(3)相比国有企业,要素价格扭曲对非国有企业技术创新的抑制效应更大。这说明当资本要素价格扭曲时,企业倾向于使用更多的资本要素,并可能将资本投入周期短、回报更大的投机活动,而不会将其用于投入周期长、风险更高的研发活动,并且非国有企业比国有企业拥有更自主的经营管理权,从而更为灵活地改变生产经营决策。因此,非国有企业对要素价格的反应更为敏感,企业技术创新行为受资本要素价格扭曲的影响更大。此外,劳动力与土地要素价格扭曲有利于企业创新,这说明当劳动力与土地要素价格扭曲时,企业倾向于过多使用这些要素,从而停留在这些粗放型生产环节,并促进了这些低端环节的技术改良与创新。

(4)相比国有企业,要素价格扭曲降低了非国有企业自生能力,从而进一步增强了对企业技术创新的抑制作用。从资本要素价格扭曲看,企业倾向于过多使用资本要素,并用于周期短、收益高的投机活动,这并不利于企业自生能力的提高,从而进一步增强对企业技术创新的抑制作用;从劳动力与土地要素价格扭曲看,劳动力与土地要素价格扭曲可以促进企业在低端环节的改良创新,但同时也会使企业过量使用廉价劳动力与土地要素,形成粗放的生产方式,获得较低的产品附加值,导致企业自生能力下降,反而制约了企业技术创新活动。

整体看来,上述实证结果也解释了我国企业技术创新能力差的原因。一方面,政府补贴、低要素价格等优惠政策通常向国有企业倾斜,但是对国有企业技术创新并无显著的促进作用,更为关键的是并没有提升企业自生能力,从而进一步推进创新。另一方面,要素价格扭曲对非国有企业的技术创新具有显著的影响作用。资本要素价格扭曲使企业过量使用资本要素,抑制了企业技术创新,并通过降低企业自生能力进一步增强了抑制作用。劳动力与土地要素使企业专注于低端环节的改良和创新,并通过降低企业自生能力进一步削弱企业的技术创新。相关问题的解决方案如下：

（1）政府应杜绝对企业的过度干预，特别要避免对国企不当的政策倾斜。在以市场机制为前提的基础上，重点筛选与监控自生能力差的企业，并与其他部门、政策措施等方面建立联动机制，倒逼自生能力差的企业转型升级或退出市场。

（2）要加快推进要素市场化改革，减少错误的要素禀赋信号对企业技术创新的影响，特别是对非国有企业技术创新的挤出效应。

（3）完善政府扶持企业技术创新的方式。一方面，避免扶持政策在国有与非国有企业中出现差别化的现象，增加对非国有企业创新的扶持措施；另一方面，政府应致力于解决市场失灵领域的技术创新，如基础研究、共性技术平台建设，给予先行研发企业一定的补偿与配套支持措施。同时规范支持创新资金或优惠政策的使用程序，加强过程监管和事后评估，避免企业软约束、监管不严等问题。

第 **8** 章

产业转型升级的体制机制创新与案例分析

我国产业转型升级处在新产业革命蓬勃兴起和经济体制深度调整的时期。一方面,要清除我国产业转型升级的体制机制障碍,努力实现内在问题的突破;另一方面,要重视以工业化与信息化深度融合为主要特征的新产业革命,积极应对外来冲击。因此,这就需要将产业转型升级的体制机制创新与新产业革命的影响结合起来。

本章将在前文研究的基础之上,以应对外来冲击与突破内在问题为思路,结合新产业革命对我国产业转型升级的影响,提出相关体制机制创新,以达到研究目的。

8.1 新产业革命对我国产业转型升级的影响

以工业化与信息化深度融合为核心的新产业革命,将是技术整合和产业化模式的创新,表现为新业态和新模式的不断涌现,对我国产业转型升级的方式、组织形态等方面都将产生重大影响[①]。

8.1.1 新产业革命对我国产业生产方式的影响

随着新信息技术的快速发展与应用,信息技术将逐渐渗透进产业价值链的各个环节,将深刻地改变传统的产业生产方式,具体表现为:

第一,产业链趋于一体化。随着信息数字化技术的全面渗透,产业链环节

---

① 王战,王振,阮青.新产业革命与上海的转型发展[M].上海:上海社会科学院出版社,2014:3.

如研发设计、加工制造、营销服务等将立足于共同的网络化信息平台,并通过利用该信息平台所连接的高端设备实现生产环节一体化。这将凸显制造环节的重要性,使其呈现出高附加值的技术密集型特征。因此,新的制造模式将对我国传统产业生产方式产生深刻影响,将降低加工制造环节的劳动投入量,而要求生产环节具备较高技术含量与高附加值。

第二,制造业趋于服务化。制造业的数字化实现了产业链各个环节的一体化,即制造业的每个环节将出现服务化的特征。这将使得制造业和服务业彼此融合,同时催生出新业态和新的生产模式。

第三,产品呈现定制化与个性化。信息数字化技术对生产环节的渗透,拉近了生产者与消费者的"距离",催生了个性化定制过程与就地生产的发展模式,使得研发设计和加工制造可以直接面对消费者进行,同时形成分散化的生产过程。这将对传统的产业发展方式形成重大影响,改变传统的大规模标准化生产方式。

8.1.2　新产业革命对我国产业组织模式的影响

新产业带来新的生产方式必定会改变现有的产业组织方式,集中表现在以下几个方面。

第一,产业组织趋于扁平化、合作性。以互联网为支撑的生产方式将趋于分散化、扁平化、合作性的特征。此外,可再生能源技术使得资源的分散储存和使用成为可能,使每个经济主体都成为能源的提供者和消费者,这加强了产业组织的分散化趋势(王战、王振、阮青,2014)。这对于传统生产方式的自上而下集中式管理、层级式组织方式是巨大的冲击。

第二,中小企业的作用更为凸显。一方面,信息化的普及使技术快速传递、扩散与模仿,使得大企业再也不可能依赖技术而形成垄断地位,使企业间发展出平等合作的态势;另一方面,个性化、多元化的定制生产方式,需要不同领域、不同行业的企业共同完成,使得中小企业不可缺席。未来产业形态可以呈现出大企业为规模制造业,或者为各个分散的小企业提供良好的服务平台,为产业内部和产业之间的关联互动提供重要的支撑作用。小企业为服务型制造业,为大企业提供生产或服务等。大、小企业协作共生的产业组织形态实现各个参与者互动、协作发展(黄先海、诸竹君,2014)。

第三,产业空间布局将呈现虚拟化、网络化。新产业革命分散化的产业组织方式,使得生产商、供应商等参与者形成虚拟化、网络化的连接方式,促使传统以产业园区为主导的物理空间集聚转向以信息化平台为支撑的网络空间集聚。

8.1.3 新产业革命对我国体制机制改革的新要求

改革开放以来的经济增长与政府的作用密不可分,但是政府过度干预的"越位"造成产业结构调整滞后等问题。此外,在解决市场失灵领域及提供基础设施服务等方面,政府未充分发挥其应有的作用。简而言之,政府的"越位"与"缺位",都制约了我国产业的持续发展。特别是在新产业革命背景下,未来产业组织趋于扁平化与网络化,市场需求更加个性化与多样化,企业的边界呈现模糊化与全面合作化。这种产业扁平化、需求多样化、决策分散化的趋势,对我国政府集中决策、过度追求增长速度、热衷规模扩张的发展模式是一个重大挑战,使我国政府难以准确快速地适应瞬息多变的技术与市场。因此,明确政府与市场在产业发展过程中的功能定位是我国产业转型升级能否成功的关键。加快推进我国产业转型升级的体制机制创新,为新兴产业发展提供良好的体制支撑,主要包括以下几个方面。

第一,充分发挥市场的决定性作用。新技术的冲击带来了传统生产方式与产业组织模式的变化,从而催生了新业态与新需求,使市场需求日益个性化与定制化。这就需要市场发挥主体地位,以新消费与新市场需求为导向,拉动新产业的发展。

第二,充分利用政府的支撑性作用。政府要将重心放在解决市场失灵、提供公共服务等方面。特别是新产业革命带来技术的革新,而技术创新特别是基础研究及共性技术具有正外部性,导致私人企业投入不足,因而造成市场失灵的问题。因此,需要政府支持诸如共性技术的研发与转化,完善相关基础设施建设,为新兴产业示范应用提供引导作用。

第三,重视引入社区(community)的辅助性作用。在产业转型升级的过程中,政府与市场之间会出现两者都失灵的真空地带,特别是产业组织分散化趋势对传统自上而下、集中式的管理模式将造成巨大冲击(王战、王振、阮青,2014),因而可引入社区机制的辅助作用。社区为一定地理区域内,具有相似的利益目标、风俗习惯、价值观念、归属感觉的个体,加上不同程度的血缘、学缘、商缘等,形成的社会功能相对完整的人文区域共同体或区域性组织(陈万灵,2003)。产业发展意义上的社区是指在特定区域内相关企业、中介机构、高校与研究机构、社会组织等大量集聚而形成的一种产业组织形态,其内嵌于中国传统社会构造(社区)与社会关系网络之中,使得企业之间的分工合作既是基于市场交易下的利益性互惠合作,也是出于地缘、血缘、商缘等因素的情感性合作[1],其实质为工业园区或产业园区内搭建一个区域化、社会化、有情化的公共平台,将社会公共管理与服务等向工业园区或产业园区延伸,并具备生产、商业、生活、文化等功能的产业社区(刘楠楠,2013;林可可,2022)。但这种新型社区的管理不单依赖于政府权威,也依赖于成员个体间合作网络的权威,因而管理向度是多元、相互的,而不是单一、自上而下的[2]。这有利于促进企业间的协作与互动,形成一种以市场化为导向的自治机制,也可将其理解为存在于国家与市场以外的第三种管理方式,可以弥补国家或市场失灵所产生的制度真空(顾昕,2017)。

8.2　有效市场—有为政府—有情社区的联动机制

8.2.1　有效市场的甄别机制

由前文分析可知,在我国政府主导经济的体制下,市场配置资源的机制难以有效发挥,产生了生产方式粗放、盲目投资、产能过剩等问题,导致产业结构调整进程缓慢。此外,政府通过补贴等过度保护的措施,产生了大量效率低、自生能力差的企业,甚至是"僵尸企业"。因此,需充分发挥市场的甄别机制,使不符合发展趋势的落后产能与企业退出市场,使先进产业与企业容易找到需求空间并实现利润最大化。

1) 理论分析

一般而言,市场主体通过自由进出行业和市场,实现供求平衡并形成均衡

① 马斌,徐越倩. 社区性产业集群与合作性激励的生成——对温州民间商会生发机制的社会经济学考察[J]. 中国工业经济,2006(7):65 - 72.
② 冯婷. 社区与社团——国家、市场与个人之间[M]. 杭州:浙江大学出版社,2014:57 - 58.

价格。新需求或新技术引发的新价格又会引导新的竞争者参与供求以及部分落后者退出市场,从而形成新的供求平衡及均衡价格。由此形成循环往复的过程,促进供求关系的动态平衡,以优胜劣汰的方式实现过剩产能退出市场,先进产能扩张,即市场通过发挥其甄别机制,实现产业结构调整与优化。具体而言,从微观层面看,市场通过调节行业准入门槛、资源环境成本等甄别优劣企业。当某产业出现过度投资或技术相对落后时,就会造成较大的资源消耗和相对严重的环境损害,由此必然抬高资源的市场价格以及环保的成本,从而形成行业准入门槛的提高。这种门槛提高的过程实质上是市场甄选落后产能企业与先进产能企业的过程,进而实现产业结构持续优化。从宏观层面看,市场通过发现消费者偏好的改变或技术条件的变化,甄别产业的发展趋势与方向。在市场经济活动中,最活跃的两个变量是消费者的偏好与技术条件变化。前者会引发需求类型的变化,而后者会改变已有生产方式,降低生产成本,从而不断产出新的产品。以上两方面的变化分别从需求侧和供给侧决定了新产品、差异产品发生的必然性。产业结构的调整与优化,实质上是由新产品的出现以及拥有新技术的生产方式所引发,这些拥有新技术的企业获得较高的全要素生产率,从而成为一个行业中的领先者,逐渐形成一个新兴产业,进一步引发产业结构的调整与优化[①]。

然而,产业结构的调整与优化若完全依靠市场主体对需求变化、技术变化、价格变化等因素自发地做出反应,则同样会发生产业结构调整滞后的问题。因而,政府的参与和调节在产业结构调整过程中仍然是必要的。

2) 构建有效市场的甄别机制

政府与市场分清边界,健全各自功能,形成有效互补,通过市场甄别选择及优胜劣汰的方式来实现产业结构的不断优化调整,使不符合发展趋势的产业,在规范有序的市场运行中难以获得需求空间和利润空间;反之,先进产业找到需求空间、获利机会和实现最大利润,并能够获得持续发展。主要包括以下几个方面:

第一,构建企业自生能力的甄别机制。通过构建反映企业自生能力的指标体系,包括反映企业生产效益的指标、企业负债率的指标、企业亏损指标,以及

---

① 平新乔.产业结构调整过程中的市场与政府之间关系[J].经济与管理研究,2016(5):3 - 7.

企业是否符合环保、质量安全等指标,建立企业自生能力的甄别机制。同时,政府要发挥其维护市场秩序的辅助功能,保证市场机制发挥正常的功能调节作用,重点筛选与监控企业自生能力差的企业,并与其他部门、政策措施等方面建立联动机制,利用市场甄别机制使自生能力差的企业转型升级或退出市场。

第二,构建有效市场需求侧的甄别机制。消费水平有限、消费层次低、有效需求不足是我国产业结构升级缓慢的重要原因,且不适应新产业革命以个性化需求为导向的要求,所以应利用市场甄别机制,寻找消费引发的产业发展方向与空间。一方面,保证企业和个人在公平、公正的市场竞争中寻找到消费需求空间和获利机会,由市场机制来引导增量资本的优化配置和促进产业结构调整;另一方面,政府辅助职能主要体现在产业方向的引导与规范等方面,通过政府采购等方式引导消费,把消费热点转移到新产品、新产业上,推进绿色消费、循环消费、信息化消费、数字化教育、数字文化行动及互联网创新活动等,激发信息化消费方式与需求,优化消费需求结构与层次。

第三,构建有效市场供给侧的甄别机制。一方面,利用市场机制甄别落后产能并使其退出市场,如建立以市场定价为主的要素价格形成机制,健全差别定价、差别议价机制等,使得高能耗、高污染的产业加速淘汰;另一方面,充分发挥市场对新技术发展方向、技术路线等技术创新要素的甄别选择与激励作用,使新技术能在公平、公正的市场竞争中获得利润空间。同时,政府的辅助职能主要体现在完善产权制度、维护市场秩序、执行行业标准等方面,以及在市场难以发挥作用的领域提供公共服务,如通过新兴产业规划、行业动态监测等来引导投资和规避风险;通过提供共性技术研发平台、融资担保、新产品扶持政策等来支持企业技术研发、产品创新和新产品推广应用等。

8.2.2　有为政府的激励机制

如上一小节所述,产业转型升级需要政府在技术革新、配套的公共服务、金融及硬件设施等方面发挥因势利导的辅助作用。如在基础设施完善方面,完善土地、水电、信息通信等方面的布局;在公共物品提供方面,要加大对基础研究、共性技术等的投入;在资金扶持方面,设置诸如风险基金、科技创新基金等各类基金,对产业结构变迁过程中的外部性活动予以一定的补贴;在产业发展环境优化方面,要完善产权制度、维护市场秩序、执行行业标准等。但其假设前提是政府是"好人政府",即政府和官员都是一心一意谋发展。实际上,如果政府官员的最大化利益与发展的目标是一致的,他们会努力谋发展;如果目标不一致,则他们不会谋发展。也就是说,如果激励机制是有效的,政府官员谋发展的努力会促成产业结构的优化;如果激励机制是扭曲的,政府官员谋发展的努力会造成结构失衡和经济的不稳定(张曙光,2012)。因此,构建有为政府的激励机制成为关键问题。

1)理论模型推导

本部分构建了地方政府的多任务委托代理模型,分析其在推进当地经济发展及解决外部性等问题时的决策过程。为了简化分析,假设地方政府主要面临两个独立的任务,即任务 1 为推进当地经济增长,如 GDP 的增长、财政收入增加等;任务 2 为解决产业转型升级过程中出现的市场失灵问题及提供基础设施等公共服务,如产业发展相关的基础设施建设及技术创新相关的服务等。上级政府会依据下级政府(即地方政府,以下统称为地方政府)的政绩给予奖惩,如薪资提高、职位晋升等。

假设地方政府在两个任务中的行动分别为 a_1、a_2,不可控因素分别为 ε_1、ε_2,且 ε_1、ε_2 服从正态分布,均值都为 0,方差分别为 σ_1^2、σ_2^2,ε_1、ε_2 的相关系数为 0[①]。其中,方差 σ_1^2、σ_2^2 反映了任务的可度量性,数值越小代表任务受其他因素的影响越小,越容易衡量地方政府的努力程度,即任务的可度量性越大;相反,则任务的可度量性越小。

假设地方政府努力的总收入为:

$$w = \beta_1(a_1 + \varepsilon_1) + \beta_2(a_2 + \varepsilon_2) + t \tag{8.1}$$

其中,β_1、β_2 分别表示任务 1 和任务 2 的激励程度,t 表示固定收入。

假设地方政府为绝对风险厌恶的风险偏好,那么其效用函数为:

$$u = -e^{-\delta[w-C(a)]} \tag{8.2}$$

其中,δ 代表地方政府的风险厌恶系数,$C(a) = \dfrac{1}{2}c_i a_i^2$ 表示任务的成本函

---

① 无论在逻辑上还是现实中,两个任务可能是相关的,当两个任务强正相关时,它们可以合二为一;当两个任务强负相关时,它们不会交由一个代理人完成。此外,两个任务可能是弱相关的,本书为简化分析不考虑这种情形,故假定两个任务是相关独立的。

数，$i=1$、2，c_i 表示任务完成的难度系数。

那么，地方政府为实现效用最大化，可以表示为：

$$\max E(u) = E(-e^{-\delta\left[\beta_1(a_1+\varepsilon_1)+\beta_2(a_2+\varepsilon_2)+t-\frac{1}{2}c_1a_1^2-\frac{1}{2}c_2a_2^2\right]}) \tag{8.3}$$

$$s.t.\ E(u) = E(-e^{-\delta\left[\beta_1(a_1+\varepsilon_1)+\beta_2(a_2+\varepsilon_2)+t-\frac{1}{2}c_1a_1^2-\frac{1}{2}c_2a_2^2\right]}) \geqslant 0 \tag{8.4}$$

式(8.3)和(8.4)可简化为：

$$\max \beta_1a_1 + \beta_2a_2 + t - \frac{1}{2}c_1a_1^2 - \frac{1}{2}c_2a_2^2 - \frac{\delta}{2}\beta_1^2\sigma_1^2 - \frac{\delta}{2}\beta_2^2\sigma_2^2 \tag{8.5}$$

$$s.t.\ \beta_1a_1 + \beta_2a_2 + t - \frac{1}{2}c_1a_1^2 - \frac{1}{2}c_2a_2^2 - \frac{\delta}{2}\beta_1^2\sigma_1^2 - \frac{\delta}{2}\beta_2^2\sigma_2^2 \geqslant 0 \tag{8.6}$$

可得出地方政府最优解为：$a_1 = \dfrac{\beta_1}{c_1}$，$a_2 = \dfrac{\beta_2}{c_2}$。

假设上级政府是风险中立者，则其效用函数可以表示为：

$$U = (1-\beta_1)a_1 + (1-\beta_2)a_2 - t \tag{8.7}$$

那么，上级政府为实现效用最大化，可以表示为：

$$\max U = (1-\beta_1)a_1 + (1-\beta_2)a_2 - t \tag{8.8}$$

$$s.t.\ a_1 = \frac{\beta_1}{c_1}, a_2 = \frac{\beta_2}{c_2} \tag{8.9}$$

可得出上级政府最优解为：$\beta_1 = \dfrac{1}{1+\delta c_1\sigma_1^2}$，$\beta_2 = \dfrac{1}{1+\delta c_2\sigma_2^2}$。

由此得出地方政府行动的最优决策为：$a_1 = \dfrac{1}{c_1(1+\delta c_1\sigma_1^2)}$，$a_2 = \dfrac{1}{c_2(1+\delta c_2\sigma_2^2)}$。

2）模型推导结论分析

由上文模型推导结论可知，地方政府在面临两个任务做决策时，受 c_i、σ_i^2 因素的影响。当 σ_i^2 越小，即当任务可测度越高时，上级政府的激励强度越大，同时，地方政府也更倾向于完成该任务；当 c_i 越小，即任务的完成难度越小时，上级政府的激励强度越大，地方政府越倾向于完成该任务。

第一,经济增长任务相对可以更为精确地衡量与测算,上级政府的激励强度相对大,促使地方政府努力完成经济增长的任务。我国现行的地方政府激励机制主要包括行政发包制、行政分权及以经济考核为重心的官员晋升制(周黎安,2008)。行政逐级发包制是指上级将任务层层授予下级的制度;行政分权是指将行政责任授予次一级行政区域;以经济考核为重心的官员晋升制是指地方政府同级官员之间为了谋取职位提升,形成对经济发展的激烈竞争。在以经济为考核重心的多任务强激励机制下,地方政府只关心可测度的经济绩效,过度追求在较短时限内取得较快的经济发展,而忽略了其他工作任务。前文对此已做详尽的分析及实证检验,在此不再赘述。

第二,解决市场失灵领域的外部性问题及提供基础设施服务等任务,缺少精确的衡量指标,且上级政府的激励强度相对较小,使得地方政府缺少积极性完成这方面的任务,造成地方政府未发挥其应有的支撑作用。以产业转型升级过程中的基础研究为例,基础研究是企业技术研发的基础,具有公共物品的属性,使得私人部门投入往往不足,导致出现市场失灵的情况,因此需要政府的介入[①]。然而,由于基础研究具有高风险、高投入、长期性等特征,且我国缺乏这些方面的考核指标,上级政府激励强度也相对较弱,因而地方政府无动力去开展这方面的工作,这也是我国技术创新能力弱的重要原因。

第三,解决市场失灵领域的外部性问题及提供基础设施服务等任务,通常比完成经济增长任务的难度大,导致风险规避的地方政府更倾向于将工作重心放在完成经济增长相关的任务上。结合我国近年来的发展经验看,在现有考核体制下,地方政府通常不愿投入风险较高、周期长的公共服务等工作,而选择难度相对小、周期短、政绩显著的与经济增长相关的任务。

3) 构建有为政府的激励机制

由上文分析可知,要促使地方政府发挥出有为的支撑作用,解决产业转型升级过程中的市场失灵问题及提供基础设施服务等,需强化该方面的激励机制,并构建精确的考核指标体系。这对新结构经济学理论分析的缺失也做了一定的补充,具体包括以下方面。

---

① Tassey G. Modeling and measuring the economic roles of technology infrastructure [J]. Economics of Innovation & New Technology, 2008, 17(7 - 8): 615 - 629.

第一，构建多元化考核的激励机制，弱化以经济考核为重心的晋升机制。一方面，在现在的正向激励机制中加入涉及公共服务、产业发展环境、企业技术创新等内容，旨在提高产业发展效益与质量。许多发达国家建立了完善的政府官员考核指标体系，涉及产业发展质量、公共服务、工作能力等多个维度，并与晋升、薪酬等挂钩。另一方面，构建有效的负向约束机制，不仅要保证政府内部的监督机制制度化，以法律形式明确相关工作人员的监督权利与义务；还要保证政府外部负向约束机制主体的多元化，构建企业、行业协会、公众对政府决策监督与约束的通道。如成立非政府机构、企业联盟组织，对政府监管行为、政策绩效等进行监督；建立第三方评估机制、社会团体协商对话机制等。

第二，构建精确的考核评价机制，强化以解决市场失灵领域及提供基础设施服务等任务为重心的激励机制。一方面，针对产业技术创新相关服务、产业发展环境及基础设施建设等方面，构建精确的考核指标体系，提高该方面的激励强度，促使地方政府将工作重心从发展经济向完善产业发展环境、提供公共服务等方面转变；另一方面，由于这些方面的工作通常周期长、风险大，与地方官员的任期可能存在不一致的情况，因而精确的考核评价机制需以过程考核为导向，保证分任务、分阶段的精准考核机制。

第三，构建完善的容错机制①，优化政策决策、实施、风险评估与纠错过程。在产业转型升级的过程中，政府需要提供产业技术创新相关服务、产业发展相关的基础设施建设等，往往会面临创新性的改革实践。这就需要构建完善的容错机制，激励地方政府敢于尝试创新，并取得较好的实践效果。具体而言，容错机制包含：①项目（政策）制定过程中的决策机制、完善的风险评估机制，并遵循决策咨询制度、决策听证制度，从而保证决策的科学性与民主性；②项目（政策）实施过程中的纠错机制，如错误预警机制、错误应急反应机制、错误认定与错误纠正机制，尽可能减少对经济带来的负面影响。

8.2.3　有情社区的互动机制

在特定的政府激励机制下，政府在提供产业升级所需的技术、基础设施、公

---

① 容错一词源自计算机行业，是指尽管发生一个或若干个故障，程序或系统仍能正确执行其功能，它往往包括约束故障、检测故障、恢复系统三个功能。因此，容错机制不是简单地宽容错误，而应当包括纠错的过程，需具备完善的风险评估机制。

共服务等方面,容易出现顾此失彼的现象,这就导致了一些具有公共物品属性的产业配套措施供给不足。因此,政府与市场之间出现了两者都失灵的真空地带。特别是在工业化与信息化深度融合的新产业发展趋势下,分散、多样化的产业生产方式与组织模式,使政府无法满足所有产业发展对配套的技术革新、基础设施建设等方面的需要,这就需要其他机制发挥拾遗补阙的作用。产业社区机制可以充分调动区域内企业的主动性与互动性,形成一种以市场化为导向的自治机制。

1) 理论分析

产业转型升级过程中的技术创新、基础配套都具有公共物品的属性,容易出现市场机制供给不足的现象,这就需要非市场机制加以协助①。非市场机制不仅包括政府机制,也包括社区机制。那么,社区机制如何使得产业发展相关的公共物品得以供给?

以产业转型升级过程中的技术创新为例,产业共性技术对于许多行业的技术升级具有关键作用,而产业共性技术具有准公共物品的特性,使得创新企业进行研发而付出成本,但"搭便车"的企业可以不付成本地坐享收益②。因此,大部分理性的企业选择模仿和抄袭已有的技术创新成果,最终陷入了囚徒困境。根据已有研究,当博弈者存在互惠利他主义且存在多次重复交往机会时,重复囚徒困境下的博弈者存在着相互合作的潜在可能性(Trivers, 1977)。而名声机制则是突破困境实现合作的一条有效途径,即跟好名声者合作和背叛坏名声者的策略是一个最具吸引力的策略,合作会最终成功实现并且持续下去(Brand, 2006)。

产业发展意义上的社区是在特定区域内相关企业、中介机构、社会组织等大量集聚而形成的一种产业组织形式,表现为内嵌于社会关系网络的经济活动,成为一种克服囚徒困境的治理机制。具体而言,一是社会网络本身就是情感的纽带,共同的地缘、商缘、学缘将社区成员的情感连接在一起,从而产生互

---

① 著名经济学家约瑟夫·斯蒂格利茨(Joseph Stiglitz)对政府在推进产业方面的积极作为提出了一个理论解释。在他的分析下,无论是在发达的还是发展中的市场经济体中,产业发展都会遭遇一系列市场失灵,需要非市场机制发挥作用。

② 共性技术大致可分为两种:一种是距离市场应用较远,外部性强,行业内的企业技术开发能力较低,那么以政府开发为主;另一种是距离市场应用较近,外部性明显,企业开发能力较强,那么以企业为开发为主。此处的共性技术尤指后者。

惠利他主义的情结。在行为经济学的模型中,一旦个体的效用函数中引入他人或者集体的状态,就有可能解决囚徒困境带来的协调失灵(Bowles, 2004)。二是社区具有显著的地域性特征,社区成员合作的次数比较频繁,从而保证了社区成员之间存在长期重复博弈的机会,使得囚徒困境下的博弈者合作的概率大大增加。三是社区成员由社会关系以及劳动分工产生的经济关系结成拓扑状的网络,这对每个成员都有约束、控制作用,渐渐形成了信任、防止欺诈的名声机制。一旦某个成员产生机会主义的行为,该社区中的其他成员都会对其做出集体制裁行为或施加舆论压力,使该成员的发展空间大大缩小,甚至被孤立(马斌、徐越倩,2006)。因而,这种网络约束力使得社区成员都倾向于协同合作。四是随着交易范围的不断扩展,当成员之间互相信任、惠顾关系、社会规范无法避免全部的机会主义行为或集体决策无法达成一致时,逐渐形成具有非人格化交易特征的第三方治理机制,如产业协会、商会等社会组织。这种第三方治理机制可以监督社区成员、传递社区成员不诚信信息、协助解决社区成员间争端等,促使所有当事人之间的交易和博弈从欺骗均衡转到合作均衡。可以看出,内嵌于社会网络的经济活动会产生互惠利他主义,可以提供长期重复博弈的机会,并且渐渐形成了信任、防止欺诈的名声机制,成为一种克服囚徒困境的治理机制,促使与产业升级相关的技术创新、公共物品与服务等得以供给(曾宇荣、杨静,2013)。

2) 构建有情社区的互动机制

第一,构建情感交流与分工协作的互动机制。加强社区内相关企业、中介机构、社会组织、高校与研究机构等成员间的情感交流,强化地缘、商缘、学缘等纽带的联系,树立互惠利他的社区文化,不仅能减少产业发展过程中的交易成本及信息的不对称性,还有利于形成成员间分工协作、互利共生的产业组织形态。

第二,构建信用评级与成员活动的互动机制。由理论分析可知,信任、防止欺诈的名声机制,成为一种克服囚徒困境的治理机制。因此,构建针对社区内成员的信用评价体系,将传统以财务指标为主的信用评价体系,加入技术创新能力、绿色环保、社会责任等指标,并将该评价体系的用途从金融、证券市场扩展到成员的各项活动,如政府采购招标、环评、劳资、文明建设、征税等多方面,使得信用评级与成员的各项活动之间保持较为密切的互动关系。

第三,构建需求表达与平台服务的互动机制。产业社区机制不单依赖于政府权威,也依赖于社区成员间关系网络的权威,其管理向度是多元的、相互的,而非传统单一的、自上而下的,因而可以提供需求主导型产业发展的公共物品与服务,有效弥补政府供给主导型的不足。具体而言,一是构建以区域内政府引导、企业自发组成的服务平台,鼓励公众、企业、中介机构、社会组织等社区成员积极有效地表达对产业服务与公共物品的诉求;二是整合平台上社区成员的各种资源信息,经过审核、分类后,筛选出产业服务或公共物品的提供者;三是根据产业服务与公共物品诉求的属性,完善相应的项目资金使用与合作机制、成本分摊与利益补偿机制、成果共享机制等。

第四,构建服务监督与反馈的互动机制。产业社区是以市场化为导向的自治机制,需构建完善的监督与反馈机制。一方面,利用服务平台信息整合的功能,疏通服务信息的反馈通道,构建包括平台服务项目投入产出、政策绩效等多方面的评估机制与监督机制;另一方面,利用如产业协会、商会等第三方治理机制,加强对社区成员的监督。

8.2.4　三部门的联动机制

产业转型升级的体制机制创新实质上是明确界定政府与市场在产业发展过程中的功能定位,并且要重视政府与市场都失灵的真空地带,发挥产业社区机制拾遗补阙的作用。在分清边界、健全完善各自功能机制的基础上形成市场、政府、社区之间的有效互补与联动机制。

第一,利用市场机制甄别落后产能并使其退出市场,如建立以市场定价为主的要素价格形成机制,健全差别定价、差别议价机制等,使得高能耗、高污染的产业加速淘汰;同时,利用市场机制甄别选择新技术发展方向、技术路线等,使新技术能在公平、公正的市场竞争中获得利润空间。

第二,产业升级和创新发展中存在着相当程度和相当范围的市场失灵,政府辅助作用不可或缺,主要体现在完善产权制度、维护市场秩序、执行行业标准等方面,以及在市场难以发挥作用的领域提供公共服务,如通过新兴产业规划、行业动态监测等引导投资和规避风险,通过提供共性技术研发、公共技术平台、融资担保、新产品扶持政策等来支持企业技术研发、产品创新和新产品推广应用等。

第三,政府在提供产业转型升级所需的技术创新、基础设施、公共服务等方面,容易出现顾此失彼的现象,导致部分具有公共物品属性的产业配套措施供给不足,而社区机制可以弥补国家或市场未顾及的领域,包括社区成员信用评级机制、公共服务与物品的诉求机制、监督与反馈机制等。如表 8.1 前四类产业发展相关的业务或公共服务与物品都可由产业社区机制自我实现,最终形成三部门功能定位清晰的联动机制(见图 8.1)。

表8.1　三部门的职能区分

外部性	主要业务	主导部门
专业性强、外部性弱	企业核心技术研发与产品开发	企业
专业性弱、外部性弱	企业日常经营事务	企业
专业性强、外部性中	行业技术研发与产品开发、标准制定、检测认证	行业协会、商会、中介机构等社会组织
专业性弱、外部性中	行业经营事务、行业的自律、共同市场的开发	行业协会、商会、中介机构等社会组织
专业性强、外部性强	关系国计民生的重大行业的技术研发和产品开发等	政府
专业性弱、外部性强	行业发展规划、扶持政策和监督管理等	政府

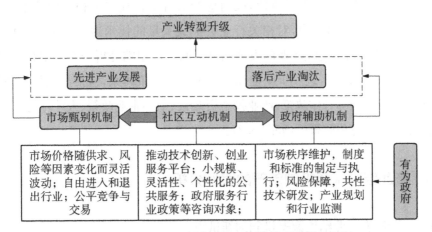

图8.1　有效市场—有为政府—有情社区的联动机制

8.2.5 政府的角色定位与作用机制

由于市场固有的缺陷即市场失灵的存在,需要政府积极有效的干预。新产业革命下的新兴产业发展也离不开政府的支持,有待政府帮助提供公共服务,消除产业发展中的负外部性,建立和维护相关市场秩序。在市场运行机制尚不完善的发展中国家,产业的初期培育与发展更需要政府强有力的介入,采取有效的干预政策,以弥补市场失灵的不足,包括创造新的要素禀赋,完善制度和市场结构,为新兴产业的发展提供良好环境,等等。但在我国政府干预过程中有时也往往存在政府失灵现象,如行政越位(一些地方政府无视市场配置资源的基础作用,过度干预)、缺位(相关基础设施建设不到位,缺乏对科技创新的持续投入机制)和错位(多头管理而使政府部门的职能发挥严重错位,较多重视硬环境建设而忽视软环境的营造)。

政府应定位于提供鼓励创新的制度安排,设计合理的政策框架和制度环境,充分发挥市场机制的基础性资源配置作用。规范政府微观规制行为,在新兴产业中政府的定位应向积极引导和推动为主的方向转变,不断完善相关的制度环境。在以企业为主体的基础上,密切关注和探讨政府在产业转型中的角色定位,研究如何有效发挥政府的主导作用,并通过探讨政府的作用方式和作用支点,分析政府作用的规律,把握政府作用的机制,从而提高政府作用的效率。在产业转型升级的不同发展阶段,政府应当有针对性地采取相应的政策支持。从研发到产业化的过程中,对相关行业会形成大量的技术溢出和扩散效应,与国民经济先导产业、支柱产业的发展高度关联。应跟踪分析产业转型和新兴产业发展中存在的问题,进一步调整和完善现有的政策体系,包括产业技术政策、市场培育政策、国际合作政策、产业投融资政策、中小企业政策、人才培育和创新政策,以及其他专项政策等(如图8.2)。

8.3 产业结构调整机制创新的案例分析

8.3.1 浙江省产业结构调整机制创新试点

浙江省平湖市地处杭嘉湖平原,陆地面积仅 537 平方公里,户籍人口仅 49

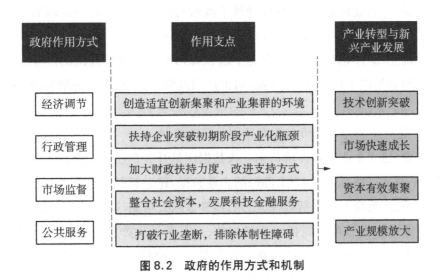

图 8.2　政府的作用方式和机制

万人,却是全国著名的服装、箱包、童车、洁具等制造业基地,2014 年生产总值
达 485 亿元,位列全国县域经济发展潜力百强县第 24 位、最具创新力 50 强县
第 7 位。平湖的产业结构以工业为主,占比达到 60%,已形成光机电、石油化
工、服装、箱包等几大产业集群。开放型经济、民营经济发达,2014 年中国港澳
台地区和外商投资企业产值占规上工业的 35.1%,私营企业产值占规上工业
的 51.3%。

随着经济发展步入新常态,平湖市面临着增长速度下行、发展质量不稳、要
素制约日紧等约束和问题。产业集群虽大而不优,主要集中在加工制造环节,
研发、营销等高附加值环节发展薄弱。此外,资源要素如土地、环境容量等制约
日益加剧,全市每年新增建设用地难以满足城乡建设和经济发展的刚性需求。
这些问题同样是浙江省产业发展瓶颈问题的典型缩影,如何推进产业结构优化
调整成为浙江省亟待解决的问题。2014 年 3 月 16 日,浙江省政府办公厅发布
《浙江省人民政府办公厅关于在平湖市开展产业结构调整机制创新试点的通
知》,正式确定平湖市为浙江省产业结构调整机制创新试点。

8.3.2　创新试点的主要做法

试点工作开展以来,平湖市围绕"如何转型升级,如何分类指导,如何优化

体制机制"等试点核心问题,有效处理了政府与市场、政府与企业、政府与社会组织之间的关系,逐步构建了"资源要素高效利用,生态环境逐步改善,产业结构持续优化"的体制优势,为新常态下浙江省乃至东部地区经济的产业结构调整机制创新提供了可借鉴、可复制、可推广的经验,并开启了经济增长动力的新通道。

1) 建立企业综合评价与要素差别化联动机制

首先,建立企业综合评价机制。大数据库是开展企业精准化服务和监管的前提,平湖通过整合多达 15 个部门的企业数据,建立起浙江省首个工业企业综合信息系统,系统不仅包括查询、汇总、预警等六大功能,还包括企业亩均税收、亩均工业增加值[①]、单位能耗工业增加值、全员劳动生产率、每吨工业增加值、研发投入占主营业务收入比重、单位电耗等一系列指标。由此,建立起企业档案,并利用该系统筛选、甄别企业,便于发现企业个性化的问题,并进一步分类指导企业。

其次,建立企业绩效综合评价与要素差别化联动机制。一是分类设置评价体系。规模以上企业设置 6 项指标,规模以下企业设置 4 项指标(见表 8.2)。二是建立企业评价标准机制。以行业企业平均值为基准值,分规上、规下对企业的各项指标进行打分,基准分采用百分制。三是建立企业动态评价排序制度。按照每个企业的得分高低排序分成 A、B、C、D 四类:A 类为优先发展类,规上企业约占 15%,规下企业约占 5%;B 类为鼓励提升类,约占 55%~60%;C 类为监管调控类,约占 25%~30%;D 类为落后整治类,规上约占 8%,规下约占 10%(见表 8.3)。四是建立企业评价结果与要素资源使用挂钩机制,即企业评价结果与阶梯式电价、排污收费、阶梯式水价、用地方面等挂钩,此外,在政策措施、行业整治、引导创新等方面,不同分类企业也存在差别化待遇。通过以上方式倒逼和激励企业进行结构调整,促进先进企业得以快速成长,并迫使低效产业和企业逐渐退出市场或被淘汰。

最后,建立评价结果与项目准入动态调整联动机制。结合企业绩效年度评

---

① 亩均工业增加值的概念涉及经济、社会、人与环境等各个方面的全面发展。通过运用亩均指标考核企业,逼着企业增强"寸土寸金"意识、环境保护意识、节约能耗意识等,实现"最小占用、最大产出、最少排放"的集约发展之路,这对转换企业的效益观念、提高增长质量和实现可持续发展都具有重要的参考意义。

表8.2　案例分析:企业绩效综合评价办法

类型	指标	分值
规模以上企业(6项指标)	亩均税收	40 分
	亩均工业增加值	10 分
	单位能耗工业增加值	15 分
	全员劳动生产率	10 分
	单位污染物排放工业增加值	15 分
	研发投入占主营业务收入比重	10 分
规模以下企业(4项指标)	亩均税收	50 分
	单位电耗税收	20 分
	环境保护	15 分
	安全管理	15 分

注:以下企业不列入分类评定,包括供水、供电、供气和垃圾焚烧、污水处理等公益性企业,以及投产不足1年企业、已关停企业、当年"小升规"企业等。另外,为完善排序机制,制定企业加分办法,对于技术创新、品牌质量建设、人才引进、节能降耗和专利发明等表现突出的企业,比如获得嘉兴或平湖市质量奖、拥有省市级研发中心等的企业,实施加分政策。
资料来源:浙江省《平湖市产业结构调整机制创新试点评估报告》。

价结果,主要参照 A 类企业(优先发展类、劳动生产率和附加值率相对高类)综合绩效评价标准,建立评价结果与项目准入挂钩机制。优先保障新建项目的供地、环境容量、能耗指标、审批扶持等。实施年度工业投资项目准入标准动态调整机制,每年调整公布工业投资项目准入标准,规定新进项目预期不得低于 A 类企业综合绩效评价平均水平,逐步提高工业发展质量效益。通过以上方式促使增量不断优化,落后存量不断被淘汰。

表8.3　案例分析:企业绩效综合评价分类与要素差别化政策

企业类别	要素价格差别化政策
A 类(优先发展类)	重点保障信贷需求,金融机构在企业信用评级、贷款授信和利率优惠中给予优先支持,优先作为金融创新试点和绿色信贷支持对象。在出口信用保险政策享受方面给予倾斜。优先推荐申报国家、省级科技计划项目,申报平湖市级科技计划项目的优先立项。优先支持科技创新平台建设。优先申报市长质量奖和各级名牌产品、驰(著)名商标等各类评比、认定。优先推荐企业负责人参加各级各类先进评选,优先组织其参加政府组织的学习考察和招商引资等活动

（续表）

企业类别	要素价格差别化政策
B类（鼓励提升类）	鼓励企业进行土地再开发，充分利用现有土地、厂房、设施资源实施"零增地"技改，对技术改造、研究开发项目予以优先立项。实施有序用电时，适当保障用电和新增用能需求。适当保障建设项目新增排污总量指标。适当保障信贷需求，金融机构在企业信用评级、贷款授信和利率优惠中给予适当支持。在申报国家、省级科技计划项目，平湖市级科技计划项目、科技创新平台建设等方面给予适当支持。在申报市长质量奖和各级名牌产品、驰（著）名商标等各类评比、认定等方面给予适当支持等
C类（监管调控类）	支持开展节能减排、清洁生产等技术改造，严格控制低效落后产能扩张。除技改提升以外，原则上不予核准和备案与原产能相同（近）的所有项目。实施有序用电时，严格控制用电和新增用能需求。严格控制增加污染物排放总量指标。严格控制申报国家、省级、平湖市级财政资金支持科技计划项目。严格控制市长质量奖和各级名牌产品、驰（著）名商标等各类评比、认定。严格控制企业负责人参评年度各项先进等
D类（落后整治类）	清理取消企业享受各项优惠政策，不予核准和审批新的投资项目，不得参与工业用地招拍挂竞买活动。限制申报各类财政补助的科技项目。实施有序用电时，作为首要限电对象，限制新增用能需求。限制新增排污总量指标。金融机构不予提供信贷支持。企业环境信用等级评价不得评为绿色，不推荐申报省级绿色企业等

资料来源：根据《平湖市产业结构调整机制创新试点评估报告》整理。

2）建立产业结构调整正向激励机制

在企业综合绩效评价机制及要素使用差别化机制基本成熟的基础上，制定实施腾笼换鸟、机器换人、空间换地、电商换市的"四换"以及名牌、名企业、名企业家的"三名"工程，加快推进企业结构、产业结构优化调整。具体如下：建立企业分类指导机制，将企业分成"重点扶持"类、"空间换地"类、"机器换人"类、"改造淘汰"类等4类，并据此给予不同的产业引导政策（见表8.4）。对上述约占10％数量的重点扶持类企业，着力实施"三名"工程，"一企一策"培育大企业、大品牌；对约占25％的空间换地类企业，实施"空间换地"工程，A、B类优先，限制C类，禁止D类，提高企业亩均产出效益、资源利用效率；对约占60％的"机器换人"类企业，实施"机器换人"工程；对约占5％的"改造淘汰"类企业，实施加快落后产能退出，鼓励企业"腾笼换鸟"[1]。

---

[1] 重点是对占地3亩及以上或租用厂房面积在2000平方米及以上的D类企业，积极实施"腾笼换鸟"工程。

表 8.4　案例分析:企业分类指导和相关产业政策引导

企业类别	主要对象	产业政策
"重点扶持"类	大企业、品牌企业、高新企业,本地品牌企业,约占 10%	每年选出数 10 家企业,大力实施名企名家名品"三名"培育工程;实施"强平工程",重点给予全方位的政策扶持和引导服务,包括用能、用地、信贷、融资、税收优惠、建立研发中心、品牌培育等方面;对于"三名"培育类企业在平湖投资新项目的,优先安排项目用地,优先安排用能指标,优先办理审批审核事项等
"空间换地"类	亩均产出比较低的企业,约占 25%~35%	每年选出 100 家以上企业;加大企业财政补助力度,积极引导民间资金参与多层标准厂房投资建设;允许新建厂房有条件分割办证转让,加大标准厂房建设的融资创新力度;以低效用的二次开发为契机,解决部分企业在用地方面的历史遗留问题,鼓励企业"空间换地"
"机器换人"类	劳动生产率比较低的企业,约占 50%~60%	每年选出 100 家以上企业;通过贷款贴息、创新设备技改的融资租赁服务,降低"机器换人"成本;探索"零地技改"的负面清单管理模式,降低企业"机器换人"门槛;成立"机器换人"行业专家服务团队,建立产业技术联盟,强化技术支撑;加大财政补助力度,引导企业在创建"机器换人"示范车间、改造工艺流程方面加大力度,鼓励企业"机器换人"
"改造淘汰"类	高能耗、高污染、低附加值企业,约占 5%	每年重点选出 30 家企业;在用地、用能、用水、融资等方面进行严格控制或实行累进加价,加大倒逼力度;运用行政、法律等手段,综合实施兼并重组、跨行转型等举措,支持企业加快落后产能退出,鼓励企业"腾笼换鸟"

资料来源:根据《平湖市产业结构调整机制创新试点评估报告》整理。

3)建立产业结构调整市场化服务机制

通过设立科技大市场、科创中心等公共服务平台,强化科技中介招募引进,为企业转型升级提供专业化服务。

首先,推进"科技服务专项行动""企业联络员"和"科技助理员"队伍建设,成立市科技局和高校共建的平湖市企业转型升级研究院(公司制),建立战略与应用中心、转型方案咨询设计中心、技术成果转移中心等,为企业转型升级量身定制方案,提供贴身服务。其次,针对以往涉企审批中介服务收费高、质量差、时间久等问题,借助产业结构调整机制创新试点的机会,平湖市 2014 年 3 月专门设立了涉及企业审批的"中介超市"①,为企业投资集中提供工程咨询评估、工程勘察设计、工程测量、工程检测、工程图审、工程监理等业务。目前已招募了涵盖 15 类、多达 132 个中介机构入驻,初步形成了充分竞争的中介市场格局。再次,完善了财政补助方式,如通过发放科技创新券②鼓励企业技术创新,促使企业使用科技创新券换取认证中介机构各类服务,引导更多社会资金投入实体经济、科技咨询和科技成果转化。最后,还加快组建合作银行科技支行、创投基金、专利质押等服务。

4) 完善政府"前中后"监管服务机制

改善政府管理方式,优化管理流程,并着重事后的监管服务,具体如下。

首先,建立事前"零审批"机制。加快行政审批制度改革,实施以负面清单管理为核心的一般工业企业投资项目"零审批",将负面清单以外的民资、外资、国资工业投资项目列入零审批范围;实施企业"零地"项目政府不再审批、企业独立选址项目高效审批、企业非独立选址项目市场化要素供给政府不再审批,激发创业创新活力(见表 8.5)。其次,建立事中"监管日志"机制。由该市发改部门、经信部门等主要部门牵头建立项目监管工作日志制度,并向社会公开。政府部门监管、服务同步进行,便于及时发现问题进行整改。最后,建立事后"前台+后台"运行机制。通过有效提升前台综合执法能力和后台指导水平,着力加强事后的监管服务。如整合部门行政执法职能,优化基层执法服务,搭建企业服务网络平台等。

表 8.5　案例分析:行政审批中介机构信用等级评价机制

等级	评分	评价结果应用
A 级属信用优良	90 分以上	①年检(审)时实行免检(审)制或随到随检(审);②推荐参评年度先进;③优先推荐参与政府性投资项目;④条件成熟时,优先进驻市行政服务中心统一办公,引导服务对象在同等条件下优先选择;⑤实行直接挂钩、重点跟踪服务制度,扶持其做大做强;⑥其他激励措施

---

① "中介服务"招募设立了专门的审核流程与规范,主要涵盖资质等级、技术能力、服务信誉、收费标准等审核指标。

② 科技创新券是主要针对中小企业的科技服务政策,对于满足条件的中小企业发行科技创新券,该券等同优惠券抵扣技术服务费,可用于研究开发、技术转移、检验检测认证、创业孵化、知识产权、科技咨询等中介机构。

（续表）

等级	评分	评价结果应用
B 级属信用一般	75～90 分	①列入一般日常管理；②有针对性地做好监管和服务工作，鼓励和帮助其不断增强信用意识，提高信用水平，以提升信用等级
C 级属信用缺失	60～75 分	①列为日常监督检查、抽查和督促整改重点对象；②在办理登记或年检证照时予以重点审查；③不授予或撤销其相关荣誉称号，在其参与政府性投资项目、取得信贷支持、争取财政性补贴时从严把关；④法律、法规、规章、政府规范性文件规定的其他惩戒措施
D 级属信用严重缺失	60 分以下	①根据其违法违规情况等不良表现，由市中介机构管理服务办公室建议各登记机关和行业主管部门及行业协会依法依规作出处理；②中介机构及其执业人员构成犯罪的，由司法机关依法追究刑事责任

资料来源：根据《平湖市产业结构调整机制创新试点评估报告》整理。

8.3.3　创新试点的成效与启示

创新试点以来，平湖市 2015 年三大主动力产业实现产值 792 亿元，在规上工业总产值的占比上升至 68.7％，传统服装、箱包等产业产值占比下降至 15％以内，市域累计落户世界 500 强企业投资项目 20 个，全部为主动力产业项目。各方面主要成效如表 8.6 所示。

表 8.6　案例分析：创新试点取得的成效

机制	措施	取得成效
要素倒逼机制正向激励机制	腾笼换鸟	腾退土地面积 2400 亩，腾出用能空间 3.29 万吨标煤
	空间换地	腾出土地空间 810 亩
	机器换人	减少低端用工人数 6000 余人，规模以上工业企业亿元工业增加值从业人员数同比下降 16.5％
	电商换市	阿里巴巴·平湖产业带正式上线运行，2014 年全市网络零售总额超过 105 亿元
	"三名"	44 家"三名"培育对象企业产值、增加值、利税、利润分别占规上工业的 52.5％、50.4％、61.7％、74.2％
市场化服务机制	中介超市	入驻"中介超市"的中介机构已为项目业主单位发布信息 194 条、办理业务 930 件、检测 43560 组，涉企收费同比降低 30％以上，服务时间同比缩减 50％以上

（续表）

机制	措施	取得成效
政府"前中后"监管服务机制	科技市场	培育建成浙江最大的"科技大市场"县级试点平台,先后入驻科技咨询、成果转化类中介机构 25 家,为 1 400 家企业提供服务 2 600 余次
	简化事前审批程	一般工业企业项目从启动零审批程序到开工的时间缩短至 2 个月,涉及行政审批部门的仅 10 个工作日即可完成
	事中服务机制	形成的监管服务工作日志全部上网公开,确保对所服务的企业投资项目做到实时跟踪、动态服务、经常监督
	事后监管机制	将 8 个部门 386 项行政执法职能逐步划转到综合行政执法局

资料来源:根据《平湖市产业结构调整机制创新试点评估报告》整理。

创新试点在充分尊重市场机制主导作用的基础上,发挥好有为政府的作用,充分结合正向激励机制和反向倒逼机制,推进存量调整及增量优化,逐步形成产业结构调整的平湖样本。启示如下:

一是建立了企业综合评价机制。通过构建一系列评价指标,有效地甄别了企业自生能力,并据此将市域企业评定为 4 个等级,分别给予差别化要素价格与相关政策措施。

二是充分发挥市场配置要素的基础机制。在企业综合评价机制的基础上,充分发挥亩产效益的导向作用,建立规则机制,使要素向效益高的企业流动,避免政府对微观要素配置的直接干预。此外,扩大要素市场的交易范围,完善交易机制,如在一级市场建立投标人匿名制,利害关系评标专家回避制,人大代表、政协委员及行风监督员报告制,以及中标单位投标保证金结转诚信保证金办法、业主实地考察约谈管理办法、标后诚信反馈考评办法,实现招投标全过程网络化、匿名化和可追溯化。在二级交易市场建立网络化交易机制,由相关监督部门建立常态化的网上巡查机制,并定期抽查核实交易记录,确保流程公开、透明、公正。

三是充分发挥了有为政府的作用机制。一方面,减少行政干预,简化事前审批,实施政务提速工程。大幅取消审批事项,降低涉企中介服务收费和中介服务时间,实现了审批环境的提质优化,在涉企审批较多的 9 个部门创新建立监管日志制度,对所服务企业项目做到动态服务、实时跟踪、常态监管和责任至人,相关信息全部上网公开,接受公众监督,营造了良好的政务服务环境。另一方面,重视政府服务作用,如制定出台"六个一"产业发展规划,注重平台基础,打造一批产业集聚基地;注重项目拉动,建设一批产业示范项目;注重龙头带动,培育一批优势骨干企业;注重创新驱动,搭建一批公共服务平台;注重招才引智,汇聚一批创业创新人才;注重政策引导,出台一批鼓励发展政策。全力助推重点产业的发展。

四是重视培育企业、中介机构、社会组织等产业社区的发展主体。如通过"三名"计划培育骨干企业,同时培育中小微企业梯队;加快创新公共服务平台建设,打造张江科技城,培育中介服务市场,深化科技大市场试点建设,完善科技创新券制度;加快组建合作银行科技支行、创投基金、专利质押等服务。

8.4　本章小结

在新产业革命背景下,未来的产业组织趋于扁平化与网络化,市场需求将更加个性化与多样化,企业的边界呈现模糊化与全面合作化。这种产业扁平化、需求多样化、决策分散化的趋势,对我国政府集中决策、过度追求增长速度、热衷规模扩张的发展模式将是一个重大挑战。推进我国产业转型升级的体制机制创新,实质上是明确界定政府与市场在产业发展过程中的功能定位,并且要重视政府与市场都失灵的真空地带,重视引入产业社区机制拾遗补阙的作用。在分清边界、健全完善各自功能机制的基础上,形成市场、政府、社区之间的有效互补与联动机制。浙江省平湖市作为省级产业结构调整体制机制试点,在充分尊重市场机制主导作用的基础上,发挥好有为政府的作用,充分利用正向激励机制和反向倒逼机制,推进存量调整及增量优化,逐步形成产业结构调整的平湖样本,值得借鉴推广。

第 *9* 章

经验借鉴

本章将跟踪研究新产业革命在各主要国家和地区的发展动向及趋势,梳理归纳主要国家和地区推动新兴产业发展的举措及政策,以期为我国把握新产业革命机遇、制定产业融合与体制机制创新战略提供决策支撑。

9.1 国外经验借鉴

伴随着经济增长疲软,各国竞相采用宽松的货币政策,全球经济进入有史以来最大面积的信贷扩张[①]。然而大多数信贷并非用于生产、消费或资本投资,而用于购买现有资产,导致泡沫与债务不断增加。根据熊彼特的创新发展理论,信贷扩张可推动经济指标的短期增长,只有创新才能促使经济持续发展。各国政府早已洞见这一切,并相继推出了针对新一轮产业革命的科技创新战略,主要国家的创新发展战略如下。

9.1.1 美国创新生态系统

2015 年 10 月,美国国家经济委员会与白宫科技政策办公室发布《美国国家创新新战略》,提出了支持美国创新生态系统的新政策。文件指出,美国创新战略包括六个要素部分及九大战略部分。其中,要素部分强调了营造创新生态环境的重要性,即将新理念引入产品、生产过程和服务的各种资源、机构、基础

---

① 上海市经济和信息化委员会. 2016 上海产业和信息化发展报告——"四新"经济[M]. 上海:上海科学技术文献出版社,2016.

设施和人才,更为重要的是强调联邦政府在投资创新基本要素、激发私营部门创新、赋予全国创新者权利方面具有重要作用。该战略具体描述了政府应该如何创造高质量就业岗位和持续经济增长,推动国家优先领域突破,以及建设创新型政府服务大众等内容(见表 9.1)。

表 9.1　2015 年《美国国家创新新战略》六个要素部分

要素内容	具体政策措施
投资创新基础要素	加大基础研究方面的投资;建设高质量的科学、技术、工程、数学教育;争取优秀人才移民;建设现代化科研基础设施;推动先进信息通信技术的研发应用
鼓励私营部门创新	扩大鼓励创新的税收抵免;为创新型企业家提供便利;构建鼓励创新的市场环境;向创新者开放相关联邦数据;拓展研究成果商业化渠道;支持区域性创新发展;支持创新型企业参与国际竞争
培养更多创新人才	通过"全民制造"运动等方式挖掘创新型人才
创造高质量就业岗位	巩固美国先进制造业的领先地位;加大新兴产业投资
突破重点创新领域	"精准医疗"计划;"脑计划"新型神经技术;推动卫生保健领域的突破性创新;引入先进交通工具减少事故发生;建设智慧城市;推动清洁能源;推动教育技术革命;推动空间技术突破;发展高性能运算
建设创新型政府	采取创新措施提高公共部门运转效率,发展创新实验室,培育公共部门创新文化;完善政府电子政务系统;基于大数据的创新方法解决社会问题

资料来源:根据相关资料整理。

美国是国家创新体系发展较为完善的国家之一。富有创新精神的文化传统,推崇自由市场经济的政治体制,保障创新成果的法律法规,鼓励个人创新的社会教育与环境,使美国成为一个创新型科技强国。深入解析分析美国创新战略,对处于创新型国家建设初期的中国具有重要的借鉴意义。

9.1.2　日本未来创新之桥

2014 年 6 月,日本内阁通过了《科学技术创新综合战略 2014——为了创造未来的创新之桥》,提出将日本打造成"全球领先的创新中心"的战略。该战略认为,日本正从经济复兴迈向持续增长,技术与创新是日本迈向未来的救命稻草与生命线。到 2030 年,日本将通过科技创新实现三大愿景:一是拥有世界一流的、可持续发展的经济;二是国民能够切实感受到富足、安全和放心的社会;三是与世界共生、为人类进步作出贡献的经济社会。具体战略包括:①培育创新萌芽,旨在扩大发挥运用多样灵活思维和经验的机会,强化大学和研究开发法人的功能,重新构筑研究资金制度;②驱动创新体系,旨在形成发挥组织优势和地方特性的创新核心,强化承担中介职能的公立研究机构的功能,充实研究推进体制;③诞生创新成果,旨在激发致力于新事业的企业的活力,推进监管和制度改革,强化国际标准化和知识产权战略。同时,还设定了重点发展领域:一是实现清洁、经济的能源系统;二是实现领先国际社会的健康长寿社会;三是完善领先世界的下一代基础设施;四是发挥地方资源优势的地方复兴等(见表 9.2)。

表 9.2　日本 2014 科学技术创新综合战略

主要方向	细分重点领域
实现清洁、经济的能源系统	清洁能源供给的稳定化和低成本化;通过新技术提高能源利用效率和减少消费;先进能源网的一体化流通
实现领先国际的健康长寿社会	强化医药、医疗机器开发;临床研究、治疗临床试验的体制完善;世界最先进医疗的实现;强化应对疾患的研究
建设领先世界的下一代基础设施	面向下一代城市建设智慧城市,构筑促进能源利用技术提高及多样能源利用的网络体系,先进交通体系的实现;建设可复原社会,包括强韧面对自然灾害,实现有效且高效的基础设施维持管理及更新
发挥地方资源优势的地方复兴	开发高机能、高附加值农林水产商品;提升农林水产商品的生产、加工、流通体系;强化与激发与地方活力相关的产业竞争力;优化与创造价值相关的制造业体系和振兴地方商务服务

资料来源:根据相关资料整理。

9.1.3　德国的创新战略与政策体系

在国际金融危机和欧债危机的双重影响下,德国依托创新驱动战略保持了较好的发展态势,其发展经验值得借鉴。主要包括:

一是在战略和政策层面,形成了连续性的创新战略和系统性的创新政策制度。如 2006 年,德国首次发布《德国高科技战略》报告,从国家层面系统地提出了高科技发展战略,确定旨在加强德国创新力量的明确政策路线;2010 年,德国制定了《德国 2020 高科技战略》,立足于开辟未来新市场,并确定能源、生物技术、纳米技术、交通、航空、健康研究等新的重点关注领域。

二是在公共科研体系层面,形成了分工明确、统筹互补、高效运作的多层次公共科研体系。德国公共科研体系由四大非营利科研机构、公立科研院所和大学科研机构等构成,各机构分工有序、特色鲜明,研究力量配置合理、集中协调,将政府、企业界、科技界以及其他社会力量全部纳入创新网络,通过紧密合作和信息共享实现创新知识的产品转化。

三是在企业创新体系层面,拥有一批具有强大创新能力的企业。企业研发部门在德国的创新体系中扮演了非常重要的角色,不仅德国的研发投入主要来自企业,产业技术创新的主体也主要是企业。

四是在"工业 4.0"创新体系层面,形成有活力、实时优化、具有自我组织功能、跨企业的价值附加网络。"工业 4.0"战略是德国政府旨在将信息通信技术同传统制造技术进行深度结合以保持制造业世界领先地位的一项发展战略,将对全球制造业产生广泛而深远的影响,被称为"第四次工业革命",是产品生命周期内全价值链的组织和控制的一种新水平[①]。可以概括为:

(1)1 个核心是互联网＋制造业,将信息物理融合系统广泛深入地应用于制造业,构建智能工厂,实现智能制造。

(2)2 个重点为领先的供应商策略,成为智能生产设备的主要供应者;主导的市场策略,设计并实施一套全面的知识和技术转化方案,引领市场发展。

(3)3 个集成包括企业内部灵活且可重新组合的纵向集成,企业之间价值链的横向集成,全社会价值链的端到端工程数字化集成。

(4)4 个特征表现为:生产可自我调节以应对不同形势;需求可根据临时的需求变化而改变设计、构造、计划、生产和运作;过程可实时针对商业模式全过程进行监测。

9.2　国内经验借鉴

9.2.1　上海"四新"经济

以云计算、物联网、大数据为代表的新产业革命发展,会带来新技术、新模

---

① 里夫金.第三次工业革命:新经济模式如何改变世界[M].张体伟,孙豫宁,译.北京:中信出版社,2013.

式、新业态、新产业的发展机遇。"四新"经济的出现与发展,正是在经济新常态的大背景下,上海实践"创新驱动发展、经济转型升级"的重要动力源泉。"四新"经济是上海市委、市政府为对接国家新兴产业发展战略,承接上海创新转型发展,率先提出的概念。"四新"经济由"新技术、新业态、新模式、新产业"构成,"四新"具有跨界融合、需求主导、动态变化、高速成长、轻资产等特性,既体现了国际产业发展的最新趋势,又包括对传统产业的改造升级。"四新"经济是助推上海建设具有全球影响力的科技创新中心的重要支撑,是上海传统产业发展升级的核心动力[①],主要表现为以下几个方面。

一是"四新"经济助推上海科技创新中心建设。改革开放以来,上海的城市功能定位不断发生变化,经历了从 20 世纪 80 年代的太平洋西岸最大的经济、贸易中心,到 20 世纪 90 年代的"一个龙头、四个中心",再到 21 世纪初"四个中心"和"科创中心"的历史过程。2015 年 5 月,上海市委、市政府发布了《关于加快建设具有全球影响力的科技创新中心的意见》,提出了 3 个阶段的建设目标。第一阶段到 2020 年前,形成科技创新中心的基本框架体系;第二阶段到 2030 年,形成科技创新中心城市的核心功能,走一条具有时代特征、中国特色、上海特点的创新驱动发展的新路,初步成为全球创新网络的重要枢纽和最具活力的国家经济中心城市之一;第三阶段,最终要全面建成具有全球影响力的科技创新中心,成为与我国经济科技实力和综合国力相匹配的全球创新城市。

二是"四新"经济助推上海产业结构升级。发展"四新"经济是上海传统产业结构转型升级的必由之路。在经济"新常态"的大背景下,当前已到了不转型升级就要被淘汰的阶段,不可能继续走要素驱动、投资驱动时期的发展道路。推进"四新"经济的发展,必须坚持有扶有控、有保有压,倒逼落后产能调整淘汰,加大节能减排力度;鼓励支持企业加强技术改造和技术创新,采用数字化、智能化、绿色化制造及电子商务等新的生产经营模式,发展新经济、新产能,通过数字化、智能化、绿色化制造及创意服务不断催生出新的经济增长点。"四新"经济在传统产业升级转型中也发挥着重要作用,把"四新"经济融合到传统产业之中才能创造出新产业,解决好两大难题:新技术不缺乏,但新技术成功实

---

① 上海市经济和信息化委员会.2014 上海产业和信息化发展报告——"四新"经济[M].上海:上海科学技术文献出版社,2014.

现产业化是个难题;形成一种新的业态容易,但最后要形成一个新的商业模式是个难题。需要通过"四新",把最关键环节之间的内在联系打通,推动上海传统产业创新转型发展。

三是"四新"经济助推上海新兴领域发展。面对全球新一轮产业结构调整和发达国家"再工业化"等新挑战,上海正全力迈向全球高端"智造"中心。上海在"四新"经济建设的过程中,鼓励大众创业、万众创新,营造有利于新兴产业和高科技产业落地的良好氛围,加大对战略性新兴产业的扶持力度和政策实践。发展"四新"经济要海纳百川、广聚人才,重视人才集聚和培养,以适应新科技革命和产业变革的要求,从制造到智造,利用新技术、新模式推动上海制造业转型升级,从而引领战略性新兴产业发展,抢占未来产业制高点。

9.2.1.1 上海"四新"经济发展成效

相关部门加快推进"四新"经济,梳理"四新"企业面临的困难,制定有针对性、可操作的政策措施,各区县大力培育引进"四新"企业和项目,逐步形成了一批值得关注的重点发展领域。企业不断加深对"四新"经济的认识,以"四新"促发展。有关金融机构积极响应"四新"经济发展新要求,以客户为中心,为"四新"企业定制金融服务。

一是改革推进,制度环境优化升级。自贸试验区制度创新全面开展。形成了一批可复制、可推广的新制度,为全国深化改革和扩大开放探索了新途径,积累了新经验。推动实施自贸试验区条例。"四新"经济在自贸区得到发展,推进外商投资管理、境外投资管理和商事制度改革,落实新一轮 31 项对外开放措施,以负面清单管理为核心的投资管理制度基本建立。2014 年,自贸区基本搭建出了投资管理制度、贸易监管制度、金融创新制度及事中事后监管制度等。其中,2014 版负面清单将外商投资准入特别管理措施由 2013 版的 190 条减少至 139 条;海关、检验检疫、海事等部门推出 60 多项创新举措,实施"先入区、后报关""一次申报、一次查验、一次放行"等一批监管新措施,启动实施国际贸易"单一窗口"管理制度,以贸易便利化为重点的贸易监管制度有效运行。推出自由贸易账户、人民币境外借款等金融创新举措,设立一批面向国际的要素市场,完善金融风险防范机制,以资本项目可兑换和金融服务业开放为目标的金融改革有序推进。建立 6 项基础性制度,加强开放环境下的专业监管,以政府职能转变为核心的事中事后监管制度初步形成。经济体制改革深入推进。深化浦东综合配套改革试点,率先实施市场监管体制改革,推进集成电路产业链保税监管、融资租赁兼营商业保理、再制造产业发展等"四新"经济重点领域创新试点。深化营业税改征增值税试点,把铁路运输、邮政和电信业纳入试点范围。制定实施一系列国资国企改革配套政策,建成国资流动平台,稳步推进国有企业开放性市场化重组。出台深化投资体制改革实施意见。实行企业注册资本认缴登记制,落实小微企业税收减免政策,建成覆盖全市的中小企业服务体系。

二是活力增强,科创中心潜质突显。坚持"创新驱动发展,经济转型升级",引领科技创新产业发展方向,培养科技创新人才,不断注入科技创新活力,培育"四新"沃土,科技创新热情高涨。科研投入稳步增长,为建设具有全球影响力的科技创新中心奠定了坚实的基础。2014年,上海用于研究与试验发展的经费支出为831亿元,相当于全市生产总值的3.53%。科创应用成果颇丰,有利于加强建设以企业为主体、以市场为导向的技术创新体系。全年专利授权量为50 488件,与上年相比增长3.7%,其中,发明专利授权量为11 614件,与上年相比增长9.1%。2014年全年专利授权量为50 488件,与上年相比增长3.7%,其中,发明专利授权量为11 614件,与上年相比增长9.1%。全市年内认定高新技术成果转化项目643项,其中,电子信息、生物医药、新材料等重点领域项目占86.5%[1]。

三是范围扩大,热点领域效益明显。

(1)新技术异军突起。3D打印、机器人等12个可替代传统应用、形成市场力量的新技术迅速发展。3D打印领域成立了国内首家医学3D打印云平台,推进了国内首个三维版权交易,在漕河泾开发区松江园形成了3D打印产业集聚。围绕3D打印的材料、装备、软件、应用服务等产业链关键环节完善了布局。围绕应用,积极推进行业对接,促进本市3D打印企业同上汽集团、中航商发、上海航天等大型装备制造企业对接。推动有关企业同第九人民医院、瑞金医院合作在临床中探索3D打印手术模型、手术导板和植入体的应用。机器人领域,上海已成为我国规模最大的机器人产业集聚区,外资企业与内资企业、本地企业与国内其他地区企业在上海竞相发展,集聚了一批"本体"和"功能部

---

[1] 上海市经济和信息化委员会. 2015上海产业和信息化发展报告——"四新"经济[M]. 上海:上海科学技术文献出版社,2015.

件"制造企业、系统集成商、大学和科研院所,形成了从机器人研发、生产到应用的完整产业链。

（2）新业态加速集聚。网络视听、互联网教育等应用信息等技术,从现有领域衍生叠加的新业态已初具规模。2021 年,上海全市电子商务交易额达 3.24 万亿元,是 2012 年的 4 倍之多,其中,网络购物交易额达 1.32 万亿元,居全国前列。无人零售、生鲜冷链、在线视听、无接触配送等新模式纷纷涌现,在主要直播电商平台、用户观看数和品牌参与规模方面均为全国第一。"互联网＋传统服务业"的新业态初具规模。如在互联网教育领域,全市拥有互联网教育企业 150 余家,产品包括教育平台、教育工具、内容提供、开放课程、技术支撑等 5 类,一些知名度高的企业注册会员近亿人,实现经营收入超亿元。车联网、网络视听、互联网教育是"互联网＋传统服务业"新业态的代表。在车联网领域,上海逐步推动中国首家智能网联汽车示范基地建设,形成了涵盖芯片、车载终端、关键零部件、总线系统、应用软件、通信网络、内容提供、标准检测、知识产权等环节的完整产业链。上海网络视听产业在全市信息服务产业中异军突起,增速也超过全国网络视听产业,占据全国市场 1/4 的份额。

（3）新模式蓬勃涌现。"四新"模式创新包括再定义创意设计型、平台模式型、并购整合创新型、需求拉动型、痛点突破＋跨界应用型、异业联盟型、集成创新型、迭代平移型、碎片整合型、价值链提升型、"互联网＋"典型示范型、软硬融合型、跨界融合型、产业链贯通型、业态与模式创新型、协同创新型、空间创新型、时间创新型、营运创新型、主体创新型等十几种典型模式。通过互联网平台、大数据深度开发利用、跨企业协同和组织创新等方面的突破,推动制造业实现数字化、网络化、智能化,进而打造新型制造体系,形成产业发展新动能,促进制造业转型升级。上海在工业互联网发展过程中,从平台、技术、产业、应用等方面入手。在示范基地建设上,重点打造临港国家级工业互联网示范基地,并以此为基础向金山、嘉定、闵行和上海化学工业区等区域延伸,以点带面实现互联网对整个传统制造业的提升带动。在平台建设上,上海打造了工业互联网创新中心和工业互联网公共服务平台,通过互联网为制造业企业升级提供全新的公共服务。上海积极推进三级互联互通,包括产品服务互联互通升级、企业互联互通改造、企业间产业链协同。注重培育 4 种创新模式,包括网络化协同、个性化定制、智能化生产和服务化延伸。实施五大重点工程,包括基础支撑促进工程、服务平台建设工程、试点示范引导工程、互联互通改造工程和安全保障强化工程。

（4）新产业初具规模。智慧照明、车联网、北斗导航等10个以科技发展为基础、引发产业体系变革的新产业已逐步从试点转向应用。

四是四位一体，载体建设初见成效。上海提出了"创新基地＋产业基地＋创新联盟＋实训基地""四位一体"的工作推进模式。第一，推动投融资平台建设，开展创业投资机构与"四新"企业项目对接交流会，一批企业获得风投机构的投资；进一步创新本市财政专项资金使用模式，放大财政资金效能，开展"上海四新转型升级产业基金"研究工作。2014年12月17日，上海市出台《天使投资引导基金管理实施细则》的通知。国内首个专注于天使投资发展的政府引导基金正式成立，天使引导基金通过吸引社会资金共同设立天使投资机构，重点激发青年人的创新创业活力，鼓励扶持新产业、新业态、新技术和新模式的"四新"小微企业健康成长。第二，加强新载体建设，市经济信息化委、市科委、市张江高新区管委会联手推动重点领域与科技孵化器对接，依托"大张江"建设一批"四新"产业集聚基地；布局搭建一批"众创空间"的孵化平台，营造有利于创新创业发展的政策环境，推进众创空间创新创业成果的产业化。第三，积极开展实训基地建设，市经济信息化委、市人力资源和社会保障局联合开展实训基地建设工作，已建立网络视听、智慧照明、集成电路、物联网等8个人才实训基地。联合张江管委会聚焦"四新"重点领域，建设了一批以企业为主、产学研合作的人才培训实训基地。第四，加快推动创新联盟建设，重点推动信用服务、智慧照明、网络信息安全服务、互联网教育等领域筹建新的产业创新联盟。

9.2.1.2 上海"四新"经济发展举措

上海市为促进"四新"经济的进一步发展，推动"四新"工作，主要采取了以下五个方面的措施。

一是加强协作沟通，改进工作机制。进一步完善促进"四新"经济发展的工作推进机制，建立服务"四新"企业的绿色通道，坚持问题导向，从企业需求着手，适应企业全生命周期发展规律，建立服务于各阶段需求的问题反映和解决机制。在推进"四新"经济发展的过程中，建立了"2＋X＋17"的工作机制，"2"是市经济信息化委、市发展改革委牵头，"X"是相关职能部门，"17"是上海17个区县。依托"2＋X＋17"工作机制，建立"四新"企业瓶颈问题的发现、搜集、反馈和解决机制,聚焦"四新"企业发展中遇到的瓶颈问题,加强企业和政府部门的有效对接,以点带面,按照先易后难、分步推进的原则,针对企业普遍反映的面上共性问题,注重通过个案问题的解决,形成可推广、可复制的对策措施;进一步解放思想,转变工作方式,放宽准入条件,特别关注初创企业,尽量减少对企业的干预,通过对现有政策的修订完善、机制和制度创新来支持企业迅速成长。

围绕企业瓶颈问题的发现、搜集、反馈机制,市经济信息化委采取多种渠道、多种手段,建立了多层次问题导向机制。一是加强市区联动,在各区县产业部门设立"四新"经济联络员,实行每季度一次的区县联络员会议制度,通过各区县服务中小企业服务网络,定期收集一批新问题,并跟踪了解前期正在解决的问题,对难以解决的问题,纳入每季度市级平台的专题协调会,由市级相关职能部门予以协调解决。二是开通"区县四新经济联络员微信群"和"四新直通车微信群",建立市级主管部门、区县相关部门、"四新"企业、行业协会、学术专家等即时性的互动交流平台,共同研究解决相关瓶颈问题,提升问题解决的时效性。三是依托行业协会、社会组织,定期召开"四新"重点领域的专题座谈会,邀请协会、代表性企业共同探讨当前制约"四新"企业发展的瓶颈问题。

二是深入调查研究,解决企业问题。市领导先后实地调研了一批上海市典型的"四新"企业,考察"四新"企业的实际发展情况,掌握了"四新"经济具体进展情况的第一手资料,提出要加快发展"四新"经济,破除制约创新创业的体制机制瓶颈,加快创新驱动发展、经济转型升级。并进一步指出"四新"企业前景广阔,各级政府要进一步营造良好环境,支持"四新"企业快速发展壮大。市领导带队实地调研了大众点评、智臻网络等企业,召开了互联网领域"四新"企业、创投机构座谈会。市有关部门深入走访了浦东、徐汇、杨浦、长宁、闸北、闵行等地区的一批典型企业,召开部分区县主管部门座谈会,了解各种类型企业的不同诉求,专题讨论了"四新"工作重点、推进机制等问题。结合区县特点、企业情况,梳理共性问题,根据发展的实际情况,拆分、聚焦、扩展"四新"经济范围,深化细化、补充完善热点领域。

针对企业发展的瓶颈问题,一方面,市经济信息化委和市发展改革委每季度牵头召开一次市级平台专题协调会,对近期收集和梳理的共性问题以及前期难以解决的问题,通过专题协调会的形式,市相关部门和企业面对面交流,共同研究问题解决的方法,同时明确由各区县主管部门负责跟踪后期问题的解决情况;另一方面,对涉及本市层面无法解决、需要争取国家政策支持的问题,明确由市级各主管部门积极与国家相关部委对接,争取相关政策突破或先行先试。

三是开展宣传研究,推广示范工程。市经济信息化委积极开展"四新"经济"十三五"规划前期研究,发布了《上海"四新"经济发展报告及典型案例》,并在蜘蛛网、盛大文学发布了电子图书。报告通过对"四新"企业典型案例的透彻分析,从企业的角度阐述了上海"四新"发展的现状,以及取得的进步和面临的困难,同时推动创投机构与"四新"企业对接措施的落实,市经济信息化委会同市创投行业协会,组织创投机构与"四新"企业项目对接交流,集中调研了千骥创投、天翼创投等近20家创投机构,完成《"四新"经济和创业投资发展联动》课题研究报告。对本市已报会、辅导备案及培育中的455家拟上市中小企业,进行分类梳理,作为推进"四新"经济发展的重点企业,加强跟踪和服务力度。

开展集中宣传。通过报纸杂志等媒体对"四新"经济进行了主题宣传。设置"四新专栏",加强"四新"案例等相关信息的共享。加强典型案例宣传,积极开展应用示范,总结一批"四新"典型领域、企业和载体,引领区域经济转型发展,增强"四新"经济在全社会的知晓度和影响力。发挥科技情报机构作用,加强对国内外新技术、新模式、新业态的跟踪分析。组织本市企业、机构参加国际高水平展会,保持与国际产业发展趋势同步。依托科技情报所等专业机构开展"四新"经济发展环境、趋势、动态跟踪研究,编撰了《国内外"四新"经济动态》。

四是创新"四新"经济政策,落实载体建设。市政府专题研究支持"四新"企业发展工作。强调上海各级政府应改进职能和工作方式,顺应产业发展趋势和企业需求。要坚持实事求是,坚持问题导向,敢于打破传统思维模式束缚,切实解决企业碰到的难题瓶颈,探索管理新模式,使各项政策措施和体制机制真正符合新技术、新产业、新模式、新业态的发展需要,真正符合先进生产力的发展方向。各部门在完善工作协调机制的基础上,促进完善"四新"经济发展的创新机制、目标责任制度和督查考核制度。坚持问题导向,建立服务于企业各阶段发展需求的问题发现和解决机制;加强政策创新,研究和制定适应"四新"经济特点的支持政策;改进工作模式,探索建立商务领域"1+X+N"的"四新"工作推进模式。进一步强化新型企业、新型项目的前期研究、挖掘和储备工作,强化资源集聚和行业创新转型,加大新技术、新业态、新模式、新设备、新材料的研究与应用,促进上海"四新"企业的转型升级。增加对"四新"企业的扶持力度。保证专项资金中支持"四新"企业的资金达到一半左右,在《上海市产业转型升级发展专项资金管理办法》中增加了支持"四新"企业和产业联盟发展的内容。

在出台各项政策的同时,加强载体建设。市经济信息化委联手市张江高新区管委会开展第一批 50 家上海"四新"经济创新基地建设试点,涉及工业机器人、3D 打印、高端医疗器械、互联网金融等 30 余个细分领域;完成上海"四新"新载体信息对接服务平台搭建工作;推动 36 个重点领域与科技孵化器对接。开展人才实训基地建设。联合开展实训基地建设工作,推动网络视听、智慧照明、集成电路、物联网等 8 个人才实训基地挂牌。建设以企业为主、产学研合作的"四新"重点领域人才培养实训基地,为"四新"提供人才资源。

五是加强科技创新,培育四新人才。建立健全以企业为主体、市场为导向的技术创新体系。支持企业主导开展产学研协同创新,引导企业提升创新管理能力,鼓励企业建立具有产品设计、技术开发和系统集成能力的工程化平台。落实张江示范区发展规划纲要,深化股权激励试点,推广大学校区、科技园区、公共社区联动发展模式,在更大范围培育具有区域特色的创新集群,为各类企业提供良好的创新创业服务。围绕产业链部署创新链,强化基础前沿研究、战略高技术研究,承接和实施国家科技重大专项,推进实施微技术、高温超导等一批市级科技重大专项。健全财政科技投入机制,加大稳定支持经费的比例,提高资金使用效益。健全知识产权运用和保护的长效机制,为激发全社会创新创造活力提供有力保障。

聚焦重点领域,继续实施国家和本市各类人才计划,壮大领军人才队伍。实施专业技术人才知识更新工程,推进技能大师工作室建设,加快培养创新发展所需要的各类技能人才。培育创新创业文化,建设创新创业服务平台,健全市场化的人才引进机制,营造人尽其才、才尽其用的制度环境,更好地靠事业成就人,靠机制吸引人,靠环境留住人,让各类人才愿意来上海追梦,能够在上海圆梦。上海自贸区举行"中国(上海)自由贸易试验区与人才需求"圆桌会议,上海对外经贸大学、上海自贸试验区管委会、市教委学生事务中心三方签约,在自贸区内设立经贸人才培养基地,每年定期向社会公布《中国(上海)自由贸易试验区人才需求白皮书》,面向上海各高校学生举办上海自贸试验区专场招聘会。

第 *10* 章
研究结论、政策建议与展望

本章对前文的研究内容与主要结论进行了总结,在此基础上提出相应的政策建议,并就本书中的不足之处提出了展望。

10.1 研究结论

本书基于新结构经济学的理论视角,分别从政府、市场、企业的角度分析制约我国产业转型升级的体制机制障碍,并结合新产业革命对产业发展的影响,研究分析我国产业转型升级的体制机制障碍和创新建议。主要形成以下结论:

第一,政府过度干预制约产业转型升级的内在机制。在政府主导资源配置的体制下,政府的过度干预使得市场配置资源的机制失效,造成要素价格扭曲等问题,进而制约了产业转型升级。实证结果表明:

(1)我国资本、劳动力、土地的要素价格存在较为显著的扭曲。其中,资本要素价格的扭曲程度最为严重,东部地区资本要素价格的扭曲程度相对较高,但在 2011 年后,中部地区资本要素价格的扭曲程度呈现超越东部的趋势;劳动力要素价格扭曲程度虽有所加大,但与其他两种要素相比,还处于较低水平,并且地区间差异始终较小;土地要素价格扭曲程度在金融危机之后骤增,且中、东部地区比西部地区的扭曲程度更大。

(2)在测算各地区要素价格扭曲程度的基础上,进一步实证检验了要素价格的扭曲程度对产业转型升级的影响。资本、劳动力、土地三种要素价格的扭曲对产业结构调整、全要素生产率均为负向作用,且资本要素价格扭曲的副作用最大。当资本价格相对劳动力价格负向扭曲程度过大时,产业部门将更多地投入资本要素,从而造成产业内资本深化,劳动密集型产业的衰退进程减慢,导致产业结构调整过程放缓。

（3）政府财政支出对产业结构调整及全要素生产率均为负向作用,这说明政府支出影响了产业间、产业内的要素投入结构,造成了资源浪费、产能错配、发展低效等问题,阻碍了产业转型升级的进程。

第二,市场主体地位缺失也制约了产业转型升级的动力机制。在政府主导经济的体制下,市场机制难以有效发挥,主要表现为市场供给与需求两个方面。政府过度干预导致市场资源配置机制失效,实质上也是市场供给侧的主体地位缺失后,对产业转型升级带来的影响。从市场需求侧的主体地位缺失看,政府过度干预使得市场需求促进产业发展的机制失效,从而导致投资需求过度、重复建设等问题,造成产业发展方式粗放,产业结构调整停滞不前。实证结果发现:

（1）投资需求对产业结构调整为显著的负向作用,且不利于全要素生产率的提高。说明在政府主导的发展模式下,我国长期以来投资规模虽然不断扩张,但存在严重的重复、盲目建设问题,造成产业发展方式粗放,产业结构调整进程缓慢。

（2）消费需求有利于产业结构调整,可以有效提升全要素生产率。

（3）出口需求对我国产业结构优化和全要素生产率提高存在不利影响,说明我国大多数出口行业的劳动密集型特性并未得到根本转变,本土企业仍被锁定在低附加值、低技术含量的低端制造环节。

第三,政府过度干预及市场主体地位缺失互为交织,双重制约产业转型升级的触发机制。政府的过度干预使得市场机制失效,进而扭曲微观主体的投资、进入、运营与退出等决策。国有企业是我国体制安排的微观表征,最能体现政府过度干预对企业的影响。通过采用企业技术创新衡量企业转型升级,实证对比分析了政府过度干预对国有企业及非国有企业技术创新的影响,并进一步验证政府干预是否会通过影响企业自生能力进而影响企业技术创新,即企业自生能力在政府干预与企业技术创新之间是否存在中介作用。实证结论如下:

（1）相比非国有企业,政府补贴对国有企业的技术创新并无显著的促进作用。这说明对于国有企业而言,获得政府补贴反而加剧了原有的资源冗余问题,加上国有企业所有者缺位、预算软约束、监管不严等问题,国有企业选择规避风险,保持已有优势地位而不是选择技术创新。而对于非国有企业来说,获得政府补贴可以降低技术创新的成本与不确定性,从而激励企业进行技术创新。

(2)相比非国有企业,政府补贴并没有通过提升国有企业自生能力,从而进一步促进企业技术创新。这说明国有企业长期依赖于体制内环境,以政策垄断优势获得低成本生产要素、政策扶持等,并获得丰厚的垄断利润,当面临损失时还可以得到补贴,从而回避了激烈的市场竞争,其自生能力不足,从而内无动力、外无压力去进行创新活动。

(3)相比国有企业,非国有企业拥有更自主的经营管理权,从而可以更为灵活地改变生产经营决策。因此,非国有企业对要素价格的反应更为敏感,其技术创新受要素价格扭曲的影响相对更大。具体而言,当资本要素价格扭曲时,企业倾向于更多地使用资本要素,并可能将资本投入回报更大、风险更高的投机活动,而不会将其用于投入回报不确定、周期长的研发活动。劳动力要素价格扭曲与土地要素价格扭曲有利于企业创新,可能是因为我国制造业大部分还处于劳动密集型的加工组装环节,当劳动力要素价格与土地要素价格扭曲时,企业倾向于过多使用这些要素,从而停留在粗放型生产环节,并促进了这些环节的技术改良与创新。

(4)相比国有企业,要素价格扭曲会降低非国有企业自生能力,从而增强了对企业技术创新的抑制作用。从资本要素价格扭曲看,企业倾向于过多地使用资本要素,并用于收益高、周期短的投机活动,这并不能提高企业的自生能力,从而进一步抑制了企业的技术创新;从劳动力要素与土地要素价格扭曲看,劳动力要素价格与土地要素价格扭曲可以促进企业在低端环节的改良创新,但同时也会使企业过量使用廉价劳动力与土地要素,形成粗放的生产方式,获得较低的产品附加值,降低企业自生能力,反而制约了企业技术创新活动。

整体看来,上述实证结果解释了我国企业技术创新能力差的原因。一方面,国有企业长期依赖于体制内环境,受政府补贴、预算软约束等政策的过度保护,回避了激烈的市场竞争,其自生能力相对不足,从而内无动力、外无压力进行创新;另一方面,要素价格扭曲对于创新能力相对强的非国有企业具有显著的影响作用。资本要素价格扭曲使企业过量使用资本要素,抑制了企业技术创新,并通过降低企业自生能力进一步增强了抑制作用;劳动力要素与土地要素使企业专注于低端环节的改良和创新,并通过降低企业自生能力进一步削弱企业的技术创新。

10.2　政策建议

在分析我国产业转型升级的体制机制障碍的基础上,结合本书前述的理论与实证分析,并参考案例的成功经验,本书从四个方面对我国产业转型升级的体制机制创新提出政策建议。

10.2.1　在新产业革命浪潮中推动产业转型

新一轮产业革命风起云涌,我们应积极把握难得的历史机遇,在新产业革命浪潮中推动产业转型。新产业革命伴随着新兴技术的出现和商业模式的创新,如:智能制造、智能电网、生物技术等多方面技术的出现;为应对现有化石资源的日益枯竭与环境污染而大规模应用的绿色新能源利用方式;数字化和智能化与传统制造业进行融合后变更了生产方式;在这一轮新产业革命的动能转换中,可为我国的产业转型升级提供有力支撑。

而此次新产业革命发生的时代与以往有着很大的不同,如全球化使得各国之间的联系更加紧密,信息的快速传播使得新技术可以更快地被应用,等等,由此使得此次新产业革命与前两次产业革命相比更加复杂与快速,因而需要把握新产业革命的历史脉搏,迅速推动我国的产业转型升级。

我国在应对新一轮产业革命中,出台了加快产业结构转型和战略性新兴产业的发展规划,政策的大力倾斜和地方政府为追求政绩而一贯的投资冲动导致各地大干快上、一哄而上,虽然短期内产能迅速扩张,产业规模迅速扩大,但由于先天性核心技术缺失,在产能扩大中又未能掌握关键技术,使得我国产业转型步履艰难,新兴产业发展也依然徘徊在价值链的中低端,很难形成产业的国际竞争力,在取得一定成就的同时面临着较大的隐患和挑战,这将难以引领新产业革命,甚至有可能导致我国坐失新产业革命带来的巨大机遇。

因此,对既有产业政策推动产业发展的模式必须进行反思,在新一轮产业革命的背景下,我国产业核心竞争力面临着严峻考验,应重新调整产业政策定位,优化产业政策的作用机制和导向,走出依靠政策刺激盲目上马项目以及大量低水平重复建设的陷阱,产业转型升级必须精准把握新产业革命的发展趋势,加大核心技术的创新力度,开发具有高附加值的产品,使得我国能够完成产业转型升级的动能转换,真正融入新产业革命的浪潮,抢占新一轮的产业国际竞争的主动权。

10.2.2 转变政府过度干预,改善管理方式

长期以来,我国产业转型升级的问题始终未能得到很好的解决,产业结构不合理,企业研发效益差,产品附加值低,甚至在新兴产业发展上同样出现了这些弊端。从根本上来说,问题的关键在于市场主体缺失和政府越位与缺位并存。因此,应将政府职能与市场功能之间的边界清晰化,明确"有效市场是基础,有为政府作保障",促使政府从直接干预微观经济事务转移到提供公共服务、完善基础设施建设、降低交易成本等方面,促进我国产业顺利实现转型升级。具体的政策建议如下:

1) 转变政府以经济增长为重心的考核机制

一是在现有考核体系中加入涉及公共服务、产业发展环境、产业技术创新、落后产能消化、环境保护、资源消耗、行业效益等指标,旨在促使政府官员更加注重产业发展的效益与质量;二是针对产业技术创新相关服务、产业发展环境及公共基础设施建设等方面,构建完善的考核指标体系,可引入专业、独立的第三方评估制度,建立双盲的第三方评估网络系统,确保该方面工作从决策、实施到评估都能得到有效跟踪与评估;三是提高关于产业相关服务、产业发展环境等工作的激励强度,将该方面的工作与晋升、薪酬等挂钩,促使地方政府将工作重心从发展经济向完善产业发展环境、提供公共服务等方面转变。此外,要加强公务人员的负向激励机制与约束监督,将负向激励机制系统化、制度化,并将监督主体多元化,发挥社会组织、企业、民众等主体的监督作用,强化第三方监督作用。

2) 切实改进政府管理方式,杜绝在产业发展上的越位

一是改善政府直接干预微观事务的管理方式,通过对现有行政审批事项进行全面梳理,切实减少审批事项和环节,将原则上市场能够自主调节的审批事项全部取消。对于确需保留的审批事项,要加快建立标准明确、程序严密、约束有效、权责明确、手续简化的规章制度,推进阳光审批、限时办结,接受网络监督。二是杜绝对企业的过度干预,在以市场甄别机制为主导的基础上,重点筛

选与监控企业自生能力差的企业,并与其他部门、政策措施等方面建立联动机制,倒逼自生能力差的企业转型升级或"僵尸企业"退出市场。

3) 强化与市场机制互补的功能,避免在产业发展上的缺位

政府应还权于市场,将消耗于干预微观事务的精力,转为服务产业发展和优化发展环境。

(1) 在以市场为导向的基础上,结合各地区的禀赋特征,梳理产业发展状况与所面临的困境,致力于解决企业自我无法解决的外部性障碍方面、软硬件基础设施方面。特别是在新产业革命的背景下,共性技术的公共性、基础性易出现市场失灵的现象,政府应重视共性技术的平台建设。

第一,科学遴选符合未来发展需求与趋势的共性技术,通过加强与企业的沟通与联系,有效把握市场未来的需求方向,重点遴选出若干关键的共性技术,归纳出产业发展的技术路线图。

第二,建设以市场为导向、软硬要素相结合的共性技术研发平台。共性技术研发平台一方面要依托重点实验室、产业基地等硬件平台的建设,另一方面要特别重视科技信息、产权保护、创投融资等软要素的建设,为共性技术研发提供咨询服务、融资优惠等配套服务措施。

第三,要完善共性技术共享、扩散、成本分摊等制度,设立共性技术扩散的专项计划,鼓励企业与研究院的联合研发、成果共享等,加快共性技术成果的转化效率。

(2) 给予先行企业一定的补偿与配套支持措施,通过财税政策予以市场化运作下的企业技术研发,加强知识产权的保护力度,进一步规范支持创新的财政资金分配使用程序,加强过程监管和事后评估,提高财政资金的使用效率。

(3) 解决市场失灵领域的外部性问题及提供产业服务等周期长、风险大的项目,往往会面临创新性的改革实践,这就需要制定相关的容错措施,包括:项目(政策)制定过程中的决策咨询制度、决策听证制度,保证决策的科学性与民主性;项目(政策)实施过程中的纠错机制,如错误预警机制、错误应急反应机制、错误认定与错误纠正机制。

10.2.3 强化市场主体地位和优化调节方式

(1) 深入推进要素市场化的改革,促进要素的有效流动。从前文分析可

知,要素价格扭曲抑制了我国产业结构调整与优化升级,同时对企业技术创新也具有明显的负向作用。因此,要改变以政府为主导配置重要资源的现状,发挥市场在要素资源配置中的决定性作用,使先进产业持续发展,落后产业退出市场。具体包括以下方面。一是在资本市场上,加快利率市场化进程,使利率能够反映资本使用的真实成本,让资本市场真正成为企业融资、投资者获利的理想渠道。同时,理顺地方政府与银行的关系,进一步硬化银行预算约束,降低企业投资行为中的风险外部化问题,提高企业投资资金中自有资金的比例。二是在土地要素市场上,要深化土地市场改革,尤其是明晰土地产权,建立土地价格评估机制,同时加强对地方政府的监管,从根本上杜绝地方政府的低价甚至零价供地行为。三是在劳动力市场上,推进户籍制度改革,打破制度障碍,促进形成劳动力要素在城乡之间、地区之间自由流动的市场机制,使劳动力要素价格真实反映市场的供求状况,实现劳动力资源的优化配置。

(2) 利用市场甄别机制,寻找消费引发的产业发展方向与空间。消费水平有限、消费层次低、有效需求不足是我国产业结构升级缓慢的重要原因,且不适应新产业革命以个性化需求为导向的要求。一方面,应完善收入分配制度,优化公共服务体系,健全居民基本的医疗制度与养老保险制度,扩大边远农村居民的覆盖面,鼓励引导多层次社会保险系统,建立综合性、多层次的社会保险系统,设立重大疾病、教育等援助基金,使居民具备良好的消费预期,刺激居民消费;另一方面,应培育新的消费增长点,树立绿色消费理念,促进消费结构升级。随着新技术、新产业、新商业模式的涌现,新的消费热点也应运而生,政府应通过公共采购、应用示范、价格补贴、消费税减免等方式,引导居民在数字文化、教育、健康、医疗等产业的消费;通过公共付费方式,如向居民和企业发放相关消费券、向特定人群发放教育券等,鼓励居民树立绿色消费理念,引导消费者购买高效节能产品,促进文化产业发展等,实现以消费结构升级带动产业升级。

10.2.4　重视产业社区的作用,完善自治方式

1) 构建有情化的产业社区,形成互惠利他、协作共生的产业组织形式

第一,将现有产业园区或工业园社会化。政府应制定相关规划引导传统产业园区与社会功能相结合,完善良好的生产、投资、生活配套环境,改变传统产业园或工业园"业强城弱"的问题,形成保持地域文化、情感积淀的产业

社区。

第二，培育多元化的产业社区成员。一方面利用企业评价体系遴选出核心企业，鼓励核心企业开展技术创新和自主品牌建设，支持核心企业参与政府科技计划，形成社区内的核心力量，带动中小企业、中介机构等社会组织协同发展；另一方面，利用税收等优惠政策将核心企业相关的中小企业吸纳、整合到配套的产业链上来，引导配套企业参与技术创新，促使核心企业围绕自身的核心资源和技术开展创新活动，而将一般性的生产、设计、售后等工作，分配给中小企业，形成社区内大小企业分工协作的组织形式。

第三，树立互惠利他的产业社区文化。政府应设立相关公益基金以定期举办展会、交流会等，如组织社区内中小企业定期到核心企业进行参观学习，使小企业能及时了解核心企业的创新动向，核心企业能够找到具有实力的合作对象。加强社区内相关企业、中介机构、社会组织等成员间的情感交流与合作，强化地缘、商缘、学缘等纽带的联系，树立互惠利他的社区文化，促使成员减少产业发展过程中的交易费用以及信息的不对称性，形成互利共生、分工协作的产业组织形态。

第四，构建针对社区内成员的信用评价体系。在传统以财务指标为主的信用评价体系中，加入经营者能力、技术创新能力、绿色环保等指标，并将信用评级的用途从金融、证券市场扩展到成员的各项活动，如政府采购招标、环评、劳资、文明建设、征税等多领域，使得信用评级与成员活动保持较为密切的互动关系。

2）建立产业社区公共服务平台，形成高效的公共物品的供给机制

充分发挥各类中介机构、行业协会、商会等的桥梁作用，支持非政府性公共物品供给者的成长，以弥补政府性公共物品与服务的不足。一是政府应制定中介服务机构、行业协会、商会等行为规范、发展规划与监管机制，提高这些组织机构的执业能力和服务水平；二是通过担保、补贴、税收等专项扶持资金的方式，支持组织机构的建设，如对技术中介机构提供资金支持，促使技术咨询服务成为成果商业化、产业化的重要渠道，使技术交易中介机构成长为创新成果与创业资本直接连通的交易平台；三是由于政府的科技投入无法满足所有创新主体的资金需求，因此应引导投融资机构支持企业的创新活动，鼓励银行开展科技贷款业务等。

3）完善产业社区自治机制，提升管理决策水平

政府应探索社区内各类主体联合治理机制，加快推动传统的科层治理模式向社区的联合决策治理模式转变。如建立包括社区内的企业、高校与科研机构、金融机构、中介组织、行业协会等在内的信息共享网络平台，一方面为社区内主体获取信息提供正规的渠道与及时有效的支持，包括政策解读、行业发展动态、技术交流、监督与协调等；另一方面要加强对各创新主体合作过程的跟踪、风险评估等，保证合作环境的公平与有效，以充分发挥政府的桥梁、监督与协调的作用。

10.3　本书的不足与展望

本书通过理论模型分析与实证研究得出了一系列相关结论，基本达到了预期的研究目标，但由于所研究问题的复杂性和时间限制，书中的仍存在许多不足，有待以后进一步完善和拓展，主要表现为：

（1）本书试图全面系统地阐述影响我国产业转型升级的体制机制因素，但考虑到研究范围较为庞杂，无法做到面面俱到，以及严格意义上的全面。因此，后续需要聚焦问题进一步尝试，进行更加系统而又精准的研究。

（2）实证数据有待更新。由于工业企业数据库 2017 年以后数据的准确性尚存欠缺，本书仅采用了 2017 年之前的数据。因此，实证结果可能与当前的发展状况存在一定的偏差。

（3）对于有为政府的激励机制有待于更为深入的研究。本书提出了有为政府激励机制，并通过构建多任务委托代理模型进行了理论分析。希望在后续研究中，进行更为深入的量化分析。

（4）对于企业自生能力的甄别机制有待于更为深入的研究。关于企业自生能力甄别的指标体系，及其与相关政策、行业进入等措施的联动机制，有待进行深入的研究探讨。

（5）对于产业社区机制有待于更为深入的挖掘与研究。产业社区是一种弥补政府公共物品供给不足的有效机制，期待后续研究中，可以更进一步细化公共物品与服务的属性，从而挖掘相应的合作机制、成本分摊与利益补偿机制、成果共享机制等。

附录　各省要素价格扭曲程度

附表 1　资本要素价格扭曲程度

地区	2001	2002	2003	2004	2005	2006	2007	2008	2009	2010	2011	2012	2013	2014
北京	24.75	26.94	27.71	32.06	36.88	41.70	37.84	38.47	36.72	36.13	40.02	39.03	34.85	36.94
天津	15.26	15.50	16.47	19.43	27.71	35.99	29.30	30.14	34.00	27.86	29.72	32.99	0.08	30.77
河北	12.74	12.50	13.28	15.66	21.97	28.28	23.69	26.32	29.30	25.23	27.35	28.40	26.01	23.92
山西	9.85	9.92	10.73	13.65	17.77	21.89	18.78	20.85	22.97	18.24	21.50	23.46	21.48	19.00
内蒙古	10.11	10.67	11.45	13.29	18.31	23.33	20.52	22.39	25.11	26.43	24.93	27.96	26.62	24.92
辽宁	12.59	11.67	11.89	14.28	20.275	26.27	24.54	26.59	28.74	29.06	30.76	33.29	35.09	32.06
吉林	15.84	15.42	16.19	19.09	23.635	28.18	22.24	27.38	28.53	31.41	28.59	28.54	26.51	26.23
黑龙江	14.59	13.03	12.50	13.76	19.56	25.36	20.62	20.10	22.17	19.45	22.29	24.91	23.21	22.93
上海	15.76	16.15	17.14	20.79	27.44	34.09	24.20	26.49	26.12	23.27	27.33	28.71	27.48	26.46
江苏	15.38	15.87	16.70	18.94	22.645	26.35	23.13	24.52	23.12	23.65	24.26	23.61	22.77	22.07
浙江	12.18	12.71	13.60	14.81	16.895	18.98	17.60	19.00	18.27	16.30	18.13	18.86	17.63	17.36
安徽	14.84	15.72	16.92	18.60	24.33	30.06	27.84	29.60	30.35	30.91	36.81	40.15	37.37	35.88
福建	16.27	15.83	17.90	21.02	26.265	31.51	28.11	30.27	32.08	30.10	34.75	39.17	35.94	35.32

（续表）

地区	年份													
---	2001	2002	2003	2004	2005	2006	2007	2008	2009	2010	2011	2012	2013	2014
江西	12.00	12.22	13.68	15.33	21.11	26.89	29.10	34.79	25.47	33.86	40.50	41.37	38.74	38.11
山东	14.69	15.27	16.74	19.12	24.17	29.22	27.12	28.67	29.56	27.38	27.63	27.19	29.10	27.39
河南	12.55	12.58	12.90	14.57	19.74	24.91	23.49	29.63	31.20	27.91	29.72	31.37	30.64	30.34
湖北	17.27	16.82	18.02	14.83	18.285	21.74	20.89	22.02	22.86	22.59	27.65	28.38	29.97	28.97
湖南	15.07	15.58	17.06	18.75	26.095	33.44	30.97	36.22	40.10	40.31	42.80	49.56	46.39	47.80
广东	20.87	21.71	22.96	26.75	34.225	41.70	33.56	37.43	35.71	34.77	34.31	38.21	34.88	36.37
广西	12.52	12.75	13.82	15.60	19.855	24.11	25.29	26.06	26.89	26.18	30.34	36.18	36.56	38.45
海南	12.71	13.79	15.11	18.42	20.82	23.22	16.25	23.21	24.99	22.28	25.94	28.61	28.23	22.84
重庆	10.66	11.35	12.30	15.08	20.085	25.09	20.28	23.12	24.26	25.32	26.12	30.07	28.02	27.11
四川	11.71	12.16	14.05	15.22	20.01	24.80	24.66	26.83	30.18	29.37	27.79	32.45	29.17	27.60
贵州	13.60	13.49	14.27	15.81	18.425	21.04	19.80	22.11	23.31	20.88	21.92	27.26	26.13	26.74
云南	12.75	12.82	13.61	14.28	17.91	21.54	21.65	23.21	23.66	20.35	20.94	22.71	21.64	19.04
西藏	9.68	10.07	10.74	11.78	11.86	11.94	12.76	12.06	11.24	11.09	11.50	12.73	10.10	9.91
陕西	13.81	13.25	13.57	15.15	19.73	24.31	21.72	23.17	25.16	27.85	31.22	27.08	25.08	28.97
甘肃	15.04	15.62	15.70	15.49	19.57	23.65	25.28	29.01	26.06	23.10	23.65	25.59	22.56	22.88
青海	9.37	9.07	8.80	9.74	12.205	14.67	15.83	17.17	20.26	16.58	17.68	19.87	18.61	17.17
宁夏	9.99	9.62	9.54	10.59	14.65	18.71	15.34	16.38	17.66	15.09	16.43	15.53	15.15	15.69
新疆	14.16	12.90	11.88	13.00	17.895	22.79	21.63	21.16	23.98	17.90	20.16	22.33	19.77	18.67

附表 2　劳动力要素价格扭曲程度

| 地区 | 年份 | | | | | | | | | | | | | |
---	2001	2002	2003	2004	2005	2006	2007	2008	2009	2010	2011	2012	2013	2014
北京	9.15	7.20	6.92	7.65	8.48	5.66	9.03	9.05	7.74	8.13	8.68	8.40		7.95
天津	12.74	8.53	8.66	9.65	9.75	7.34	13.59	12.83	12.03	11.15	11.19	12.86		12.05
河北	11.96	8.10	8.38	9.67	9.72	8.05	13.84	14.60	15.34	13.87	14.72	16.18		15.10
山西	9.22	4.93	5.18	6.38	5.05	4.91	7.57	8.66	9.37	8.00	8.79	9.83		8.39
内蒙古	12.83	6.33	6.67	8.53	7.16	6.77	12.72	14.65	16.50	16.29	15.58	17.92		15.90
辽宁	11.69	8.68	8.57	9.95	9.63	7.63	12.41	12.46	12.75	12.22	13.41	15.21		14.54
吉林	12.71	8.80	9.74	12.13	11.31	9.13	14.12	14.92	14.56	14.45	16.55	18.48		17.28
黑龙江	19.45	7.67	7.61	10.14	6.23	7.48	12.50	11.91	11.51	10.44	11.93	14.04		12.19
上海	11.16	7.90	7.92	8.82	8.86	6.39	9.49	8.99	8.12	7.45	8.00	8.16		6.93
江苏	13.00	9.87	9.89	10.33	10.67	7.07	11.58	11.66	10.05	10.38	10.28	11.11		10.33
浙江	11.33	6.72	6.46	6.40	5.70	4.87	7.45	7.58	7.64	7.30	7.55	8.89		7.71
安徽	11.67	7.89	7.84	8.48	7.24	6.00	10.44	10.53	10.55	10.23	10.87	12.76		11.21
福建	15.73	7.76	7.91	8.01	6.80	6.16	8.12	8.02	8.02	7.98	8.43	9.02		8.21
江西	9.01	6.44	6.87	7.46	7.62	5.72	11.25	12.43	11.84	11.86	12.59	13.63		12.56
山东	13.37	9.18	9.31	10.53	9.74	8.13	13.17	13.53	13.47	13.39	13.84	15.76		14.77
河南	11.20	7.41	7.45	8.06	7.03	6.25	11.60	13.28	13.07	11.75	12.54	13.05		12.45
湖北	11.39	8.82	9.30	9.72	8.92	8.04	12.68	12.56	13.05	11.03	11.81	14.24		12.84
湖南	8.68	6.21	6.44	6.91	6.88	5.41	10.13	10.53	10.87	10.82	12.05	13.49		11.67
广东	13.75	7.92	7.31	7.44	6.76	5.04	7.20	7.30	6.74	6.68	6.94	7.43		7.05
广西	9.97	6.73	6.82	7.42	7.31	5.87	10.71	11.11	10.95	10.50	10.70	13.53		13.03

（续表）

地区	2001	2002	2003	2004	2005	2006	2007	2008	2009	2010	2011	2012	2013	2014
海南		11.47	10.91	13.69	13.13	10.33	16.97	21.68	20.59	18.21	18.48	19.41		15.69
重庆		6.86	7.00	7.75	7.44	5.54	8.94	8.99	8.38	8.29	9.20	10.56		9.36
四川	8.15	6.06	6.54	6.92	6.48	5.77	9.88	10.43	10.28	10.55	10.35	11.00		9.58
贵州	8.95	5.98	6.39	6.92	5.51	5.88	9.56	9.57	9.04	8.53	8.82	9.27		9.03
云南	11.52	7.93	8.23	9.34	9.39	7.19	13.30	13.48	13.41	12.09	12.25	12.94		11.48
西藏		2.37	1.46	1.47	1.37	1.90	2.71	2.45	3.13	3.45	3.34	4.76		4.51
陕西	8.41	6.51	6.54	7.49	5.99	6.22	11.16	11.20	11.41	10.66	11.38	12.27		11.46
甘肃	8.01	5.70	5.82	6.14	5.88	5.93	10.86	12.01	11.50	10.46	12.05	16.54		14.45
青海	9.89	5.47	5.45	5.81	3.92	5.76	10.20	10.70	10.78	9.57	10.46	12.95		10.76
宁夏	10.69	5.99	5.51	6.11	5.38	5.44	8.55	8.38	9.00	8.34	9.13	9.99		10.51
新疆	16.88	10.31	9.79	10.85	7.95	9.60	16.20	14.78	15.34	12.74	14.21	14.72		12.54

附表 3　土地要素价格扭曲程度

地区	2001	2002	2003	2004	2005	2006	2007	2008	2009	2010	2011	2012	2013	2014
北京	1.45	0.98	0.95	0.51	0.39	4.45	3.97	6.23	7.48	16.42	11.36	6.92	13.85	7.81
天津	13.55	6.91	5.04	1.04	0.98	9.02	10.33	6.88	7.64	22.90	43.77	53.66	0.20	192.55
河北	6.50	2.55	1.43	3.28	2.52	6.28	6.31	7.90	23.72	18.67	16.65	22.16	17.74	24.62
山西	16.98	10.58	2.57	5.22	4.64	10.55	8.50	5.90	18.38	20.89	20.26	21.36	19.15	19.47

（续表）

地区	2001	2002	2003	2004	2005	2006	2007	2008	2009	2010	2011	2012	2013	2014
内蒙古	13.00	6.95	4.04	14.68	8.53	21.48	22.78	11.17	35.52	19.42	21.43	33.92	32.22	35.61
辽宁	8.11	2.55	1.91	3.74	3.16	5.95	4.90	7.83	35.49	42.91	29.59	38.21	64.70	64.81
吉林	11.44	5.49	4.55	6.30	10.34	7.69	7.25	22.99	19.64	48.06	49.14	86.40	67.40	72.43
黑龙江	22.22	19.27	6.67	11.40	6.16	17.74	13.13	34.21	36.99	18.45	22.70	17.16	21.33	23.95
上海	7.21	3.40	2.44	7.90	1.93	6.61	4.89	22.21	60.80	64.22	43.11	59.80	33.37	70.72
江苏	5.18	2.20	1.24	2.20	4.30	4.15	6.05	8.18	41.80	15.05	49.94	56.12	76.97	253.98
浙江	2.27	1.31	0.86	1.39	2.54	4.33	4.20	6.98	72.37	64.22	25.87	29.76	27.84	29.93
安徽	6.45	2.77	1.27	1.65	1.87	4.18	2.72	4.15	24.37	34.01	12.51	25.30	13.86	8.61
福建	3.23	2.76	1.49	3.40	3.08	6.64	3.36	4.54	86.45	36.17	43.38	12.59	19.28	16.70
江西	9.98	1.72	0.80	4.87	5.25	11.05	9.00	14.18	684.06	104.28	152.40	74.53	73.17	26.63
山东	14.72	10.08	2.61	2.60	2.94	6.02	6.57	9.08	34.22	22.12	23.90	28.98	21.28	27.79
河南	11.09	8.45	4.87	6.58	4.86	8.96	11.43	12.34	27.14	38.15	24.19	25.48	17.92	24.87
湖北	163.49	6.23	2.90	2.25	1.38	3.41	3.28	3.99	46.51	24.55	38.14	26.92	31.41	27.34
湖南	6.84	2.35	0.97	1.76	1.14	2.72	4.50	3.83	31.86	27.80	13.60	25.36	24.56	33.88
广东	7.75	3.91	4.94	12.15	13.39	11.79	11.96	8.93	154.18	75.79	45.31	45.69	29.91	14.04
广西	4.61	2.59	1.55	1.88	0.97	3.33	3.50	5.11	14.82	9.25	7.57	15.42	16.49	12.98
海南	40.37	1.17	1.52	4.46	4.76	25.67	8.54	27.90	25.88	6.88	15.11	10.84	11.07	9.03
重庆	4.14	4.34	1.63	1.43	1.21	3.97	2.60	6.36	26.99	69.82	248.01	55.48	31.39	54.97
四川	4.15	2.87	1.67	0.91	0.84	1.17	2.20	3.54	6.27	13.79	13.74	15.95	22.90	24.71
贵州	4.53	3.58	2.94	7.05	3.97	13.72	14.42	10.93	8.89	22.42	28.01	19.08	42.11	19.99

年份

（续表）

地区	年份 2001	2002	2003	2004	2005	2006	2007	2008	2009	2010	2011	2012	2013	2014
云南	5.19	4.78	3.62	1.33	1.74	3.48	2.97	15.90	26.04	12.00	22.60	4.12	7.85	10.78
西藏	13.14	13.79	1.39	4.30	0.67	0.41	0.86	0.51	0.90	2.15	1.26	1.19	1.65	2.23
陕西	9.50	3.98	3.81	3.39	1.07	5.86	5.51	5.05	10.44	9.75	10.85	28.59	33.47	24.10
甘肃	25.39	17.92	6.11	8.32	7.35	9.72	9.62	15.75	17.96	53.32	46.55	18.52	35.41	19.09
青海	11.22	7.31	3.26	60.66	78.56	56.08	15.27	89.33	29.69	24.90	27.94	4.94	12.87	11.38
宁夏	4.56	12.44	5.66	8.34	19.37	10.19	8.36	22.08	32.75	34.02	14.15	13.21	17.82	37.79
新疆	9.86	5.33	3.49	2.95	2.10	8.75	6.64	5.39	22.89	13.11	22.44	28.04	14.99	18.01

参考文献

[1] 白重恩,钱震杰,武康平.中国工业部门要素分配份额决定因素研究[J].经济研究,
2008(08):16-28.
[2] 白永秀.市场在资源配置中的决定性:计划与市场关系述论[J].改革,2013(11):5-16.
[3] 白永秀,王颂吉.关于"后改革时代"的系统思考[J].当代财经,2013(04):5-13.
[4] 博恩斯坦.比较经济体制[M].王铁生,译.北京:中国财政经济出版社,1988:16.
[5] 蔡春林,姚远.美国推进第三次工业革命的战略及对中国借鉴[J].国际贸易,2012
(09):17-22.
[6] 蔡地,黄建山,李春米,等.民营企业的政治关联与技术创新[J].经济评论,2014(2):
65-76.
[7] 陈飞翔,黎开颜,刘佳.锁定效应与中国地区发展不平衡[J].管理世界,2007(12):
8-17.
[8] 陈建梁.新产业革命的兴起和世界贸易格局的变化[J].世界经济文汇,1985(1):
14-18.
[9] 陈林,罗莉娅,康妮.行政垄断与要素价格扭曲——基于中国工业全行业数据与内生性
视角的实证检验[J].中国工业经济,2016(1):52-66.
[10] 陈朋裕.要素价格扭曲、产业结构优化与市场准入放宽[J].经济问题,2016(8):42-55.
[11] 陈维,吴世农,黄飘飘.政治关联、政府扶持与公司业绩——基于中国上市公司的实证
研究[J].经济学家,2015(9):48-58.
[12] 陈晓华,刘慧.要素价格扭曲、外需疲软与中国制造业技术复杂度动态演进[J].财经研
究,2014(7):119-131.
[13] 陈彦斌,马啸,刘哲希.要素价格扭曲、企业投资与产出水平[J].世界经济,2015(9):
29-55.
[14] 陈艳利,赵红云,戴静静.政府干预、产权性质与企业脱困[J].经济学动态,2015(7):
80-90.
[15] 陈祎森.第三次工业革命显端倪中国如何设计制造强国之路[N].中国工业报,2012-
08-07(A02).
[16] 陈永伟,胡伟民.价格扭曲、要素错配和效率损失:理论和应用[J].经济学季刊,2011
(4):1401-1422.
[17] 程强,武笛.科技创新驱动传统产业转型升级发展研究[J].科学管理研究,2015(4):
58-61.
[18] 程世勇.地价失灵条件下的经济发展模式转型[J].经济问题,2010(7):11-15.

[19] 程仲鸣,夏新平,余明桂.政府干预、金字塔结构与地方国有上市公司投资[J].管理世界,2008(9):37-47.

[20] 戴亦一,潘越,刘思超.媒体监督、政府干预与公司治理:来自中国上市公司财务重述视角的证据[J].世界经济,2011(11):121-144.

[21] 邓可斌,丁菊红.政府干预、自然资源与经济增长:基于中国地区层面的研究[J].南开经济研究,2007(3):19-31.

[22] 邓晓兰,鄢哲明.资源错配对中国工业低碳生产率影响的实证分析[J].财经科学,2014(5):74-83.

[23] 邓新明,熊会兵,李剑峰,等.政治关联、国际化战略与企业价值——来自中国民营上市公司面板数据的分析[J].南开管理评论,2014(1):26-43.

[24] 丁建勋.资本深化与我国消费率的关系研究[J].上海经济研究,2015(9):77-85.

[25] 丁菊红,邓可斌.政府干预、自然资源与经济增长:基于中国地区层面的研究[J].中国工业经济,2007(7):56-64.

[26] 董楠楠,钟昌标.美国和日本支持国内企业创新政策的比较与启示[J].经济社会体制比较,2015(3):198-207.

[27] 董晓芳,袁燕.企业创新、生命周期与聚集经济[J].经济学(季刊),2014(2):767-792.

[28] 董晓庆,赵坚,袁朋伟.国有企业创新效率损失研究[J].中国工业经济,2014(2):97-108.

[29] 杜传忠,王飞.产业革命与产业组织变革——兼论新产业革命条件下的产业组织创新[J].天津社会科学,2015(2):90-95.

[30] 杜传忠.新产业革命与经济高质量发展交汇下的中国产业转型升级研究[M].北京:经济科学出版社,2021.

[31] 范剑平.论投资主导型向居民消费、社会投资双拉动型转换——我国经济增长的需求结构分析[J].经济学动态,2003(2):11-14.

[32] 冯飞.第三次工业革命是生产和生活方式的重大变革[J].中国党政干部论坛,2013(10):11-14.

[33] 冯根福,石军,韩丹.股票市场、融资模式与产业结构升级——基于中国A股市场的经验证据[J].当代经济科学,2009,31(03):21-29+124-125.

[34] 冯海超.2012中国云计算:应用落地,变革凸显[J].互联网周刊,2012(24):32-35.

[35] 冯兰瑞.世界新产业革命和社会主义新型文明的建设[J].财经问题研究,1984(6):15-23.

[36] 冯杨,周呈奇.市场秩序与政府干预——哈耶克的解读及其对新古典的批判[J].南开经济研究,2005(5):9-15.

[37] 高传伦,林涛.资本扩张扭曲的经济基础:理论与经验证据[J].财经科学,2016(6):1-11.

[38] 格雷戈里,斯图尔特.比较经济体制学[M].林志军等,译.上海:上海三联书店,1988:19-20.

[39] 耿伟,廖显春.要素价格负向扭曲与中国企业进口中间品多样化[J].国际贸易问题,2016(4):15-26.

[40] 耿伟.要素价格扭曲是否提升了中国企业出口多元化水平?[J].世界经济研究,2013

(9);49 - 54.

[41] 龚强. 机制设计理论与中国经济的可持续发展[J]. 西北师大学报(社会科学版),2008(02);109 - 114.

[42] 龚强,徐朝阳. 政策性负担与长期预算软约束[J]. 经济研究,2008(02);44 - 55.

[43] 辜胜阻,曹誉波,庄芹芹. 推进企业创新亟需重构创业板制度安排[J]. 中国软科学,2015(4);8 - 17.

[44] 郭濂,栾黎巍,何传启,等. 创新驱动需要抓住新产业革命的战略机遇[J]. 理论与现代化,2014(4);5 - 14.

[45] 国家发展改革委. 改革开放三十年:中国经济体制改革若干历史经验研究[M]. 北京:人民出版社,2008.

[46] 国务院研究中心. 以创新和绿色引领新常态:新一轮产业革命背景下中国经济发展战略[M]. 北京:中国发展出版社,2015.

[47] 韩剑,郑秋玲. 政府干预如何导致地区资源错配——基于行业内和行业间错配的分解[J]. 中国工业经济,2014(11);69 - 81.

[48] 韩晶. 本土技术转移与国际技术转移效应的比较——基于省际数据的空间计量分析[J]. 经济社会体制比较,2012(01);195 - 202+210.

[49] 郝项超,张宏亮. 政治关联关系、官员背景及其对民营企业银行贷款的影响[J]. 财贸经济,2011(4);55 - 61.

[50] 贺小刚,张远飞,连燕玲,等. 政治关联与企业价值——民营企业与国有企业的比较分析[J]. 中国工业经济,2013(1);103 - 115.

[51] 洪银兴. 论市场取向的所有制结构改革的深化[J]. 当代经济研究,2002(11);20 - 25.

[52] 胡少甫. "第三次工业革命"的兴起以及给中国带来的挑战[J]. 对外经贸实务,2012(12);19 - 22.

[53] 黄群慧,贺俊. "第三次工业革命"与中国经济发展战略调整——技术经济范式转变的视角[J]. 中国工业经济,2013(1);5 - 18.

[54] 黄群慧,余菁. 新时期的新思路:国有企业分类改革与治理[J]. 中国工业经济,2013(11);5 - 17.

[55] 黄速建. 国有企业改革的实践演进与经验分析[J]. 经济与管理研究,2008(10);20 - 31.

[56] 黄先海,诸竹君. 新产业革命背景下中国产业升级的路径选择[J]. 国际经济评论,2015(1);112 - 120.

[57] 黄阳华,卓丽洪. 美国"再工业化"战略与第三次工业革命[J]. 中国党政干部论坛,2013(10);23 - 26.

[58] 霍尔索夫斯基. 经济体制分析和比较[M]. 品根,等译. 北京:经济科学出版社,1988.

[59] 吉利,邓博夫,毛洪涛. 预算约束、政府干预与工程项目成本——来自中国国有大型施工企业的经验证据[J]. 南开管理评论,2014(3);94 - 102.

[60] 贾根良. "第三次工业革命"终结中国崛起?[J]. 社会观察,2012(06);21 - 23.

[61] 江飞涛,耿强,吕大国,等. 地区竞争、体制扭曲与产能过剩的形成机理[J]. 中国工业经济,2012(6);44 - 56.

[62] 江飞涛. 技术革命浪潮下创新组织演变的历史脉络与未来展望——数字经济时代下的新思考[J]. 学术月刊,2022,54(04);50 - 62.

[63] 江静.公共政策对企业创新支持的绩效——基于直接补贴与税收优惠的比较分析[J].科研管理,2011(4):1-8.

[64] 蒋含明.市场潜能、要素价格扭曲与异质性企业选址——来自中国微观企业的经验证据[J].产业经济研究,2015(4):51-59.

[65] 蒋含明.要素价格扭曲能吸引高效企业落户吗[J].当代财经,2015(8):90-98.

[66] 蒋含明.要素价格扭曲与我国居民收入差距扩大[J].统计研究,2013(12):56-63.

[67] 蒋兴明.产业转型升级内涵路径研究[J].经济问题探索,2014(12):43-49.

[68] 金碚.工业的使命和价值——中国产业转型升级的理论逻辑[J].中国工业经济,2014(9):51-64.

[69] 金京,戴翔,张二震.全球要素分工背景下的中国产业转型升级[J].中国工业经济,2013(11):57-69.

[70] 李菲.新产业革命与发展战略性新兴产业[J].政策瞭望,2013(1):48-50.

[71] 李后建,张剑.腐败与企业创新:润滑剂抑或绊脚石[J].南开经济研究,2015(2):24-58.

[72] 李后建.制度环境、寻租与企业创新[D].重庆大学,2014.

[73] 李继尊.美国的节能体制机制及其对我们的启示[J].中国科技论坛,2007,05:138-140.

[74] 李鲁,王磊,邓芳芳.要素市场扭曲与企业间生产率差异:理论及实证[J].财经研究,2016(9):110-120.

[75] 李平,季永宝.要素价格扭曲是否抑制了我国自主创新?[J].世界经济研究,2014(1)10-15.

[76] 李思慧,赵曙东.财政激励、资源能力与企业创新[J].当代财经,2012(10):34-43.

[77] 李文军.经济新常态下加快产业转型升级的路径[J].经济纵横,2015(8):73-77.

[78] 李晓斌.以产业转型升级推进新型城镇化的动力机制研究[J].求实,2015(2):59-64.

[79] 李旭颖.企业创新与环境规制互动影响分析[J].科学学与科学技术管理,2008(6):61-65.

[80] 李政,陆寅宏.国有企业真的缺乏创新能力吗——基于上市公司所有权性质与创新绩效的实证分析与比较[J].经济理论与经济管理,2014(2):27-38.

[81] 李左峰,张铭慎.政府科技项目投入对企业创新绩效的影响研究——来自我国95家创新型企业的证据[J].中国软科学,2012(12):123-132.

[82] 里夫金.第三次工业革命:新经济模式如何改变世界[M].张体伟,孙豫宁,译.北京:中信出版社,2013.

[83] 林可可.从产业区到产业社区:需求视角下上海产业社区服务配套研究——以松江科技园为例[J].上海城市管理,2022,31(02):17-26.

[84] 林雪,林可全.中国要素价格扭曲对经济失衡的影响研究[J].上海经济研究,2015(8):64-76.

[85] 林毅夫,蔡昉,李周.中国经济转型时期的地区差距分析[J].经济研究,1998(6):3-10.

[86] 林毅夫.发展战略、自生能力和经济收敛[J].经济学:季刊,2002(1):269-300.

[87] 林毅夫,付才辉.比较优势与竞争优势:新结构经济学的视角[J].经济研究,2022,57(05):23-33.

［88］林毅夫,龚强. 发展战略与经济制度选择[J]. 管理世界,2010(3):160 - 165.

［89］林毅夫,李志赟. 政策性负担、道德风险与预算软约束[J]. 经济研究,2004(2):17 - 27.

［90］林毅夫,刘培林. 自生能力和国企改革[J]. 经济研究,2001(9):60 - 70.

［91］林毅夫. 企业自生能力与国企改革[J]. 中国经济周刊,2005(8):11 - 12.

［92］林毅夫. 新结构经济学——反思经济发展与政策的理论框架[M]. 北京:北京大学出版社,2014.

［93］林毅夫. 自生能力、经济转型与新古典经济学的反思[J]. 经济研究,2002(12):15 - 24.

［94］刘建民,胡小梅,吴金光. 省以下财政收支分权影响省域内产业转型升级的门槛效应研究——基于湖南省 14 市(州)数据的检验[J]. 财政研究,2014(8):49 - 52.

［95］刘名远,林民书. 区际贸易、要素价格扭曲与区域经济利益空间失衡——基于空间面板误差模型的实证分析\[J]. 财经科学,2013(2):56 - 64.

［96］刘明达,顾强. 从供给侧改革看先进制造业的创新发展——世界各主要经济体的比较及其对我国的启示[J]. 经济社会体制比较,2016(1):19 - 29.

［97］刘文革,周文召,仲深,等. 金融发展中的政府干预、资本化进程与经济增长质量[J]. 经济学家,2014(3):64 - 73.

［98］刘文君,张捷. 产业非对称开放对产业全要素生产率增长率的影响——对中国第二、三产业的实证研究[J]. 经济管理,2013,35(02):20 - 28.

［99］刘晓红. 从全球价值链不同环节间的利益分配看我国的产业升级[J]. 经济管理,2008(10):79 - 83.

［100］刘英基,杜传忠,刘忠京. 走向新常态的新兴经济体产业转型升级路径分析[J]. 经济体制改革,2015(1):117 - 121.

［101］刘拥军. 论比较优势与产业升级[J]. 财经科学,2005(05):159 - 164.

［102］龙静,黄勋敬,余志杨. 政府支持行为对中小企业创新绩效的影响——服务性中介机构的作用[J]. 科学学研究,2012(5):782 - 788.

［103］吕一博,苏敬勤. "创新过程"视角的中小企业创新能力结构化评价研究[J]. 科学学与科学技术管理,2011(8):58 - 64.

［104］吕玉霞,魏建,侯麟科. 中国产业转型升级的倒逼机制——市场还是政府[J]. 产业经济评论,2016(1):16 - 30.

［105］吕政.《新产业革命与经济高质量发展交汇下的中国产业转型升级研究》评介[J]. 中国工业经济,2022(02):2.

［106］罗德明,李晔,史晋川. 要素市场扭曲、资源错置与生产率[J]. 经济研究,2012,47(03):4 - 14＋39.

［107］罗富政,何广航. 政府干预、市场内生型经济扭曲与区域经济协调发展[J]. 财贸研究,2021,32(02):30 - 42.

［108］罗明新,马钦海,胡彦斌. 政治关联与企业技术创新绩效——研发投资的中介作用研究[J]. 科学学研究,2013(6):938 - 947.

［109］马虎兆,张慧颖,王辉. 新技术革命是中国走出"危机"最佳手段吗?——关于中国未来经济发展与新技术革命关系的初步思考[J]. 科学学研究,2012,30(01):36 - 43.

［110］马鹏,肖宇. 服务贸易出口技术复杂度与产业转型升级——基于 G20 国家面板数据的比较分析[J]. 财贸经济,2014(5):105 - 114.

[111] 牟红. 积极应对新一轮科技革命助推产业结构优化升级[J]. 求知,2013(05):39－42.

[112] 潘爱民,刘友金,向国成. 产业转型升级与产能过剩治理研究——"中国工业经济学会 2014 年年会"学术观点综述[J]. 中国工业经济,2015(1):89－94.

[113] 潘海平. 吴敬琏:纠正要素价格扭曲[N]. 经济参考报,2005－02－17(第3).

[114] 潘红波,夏新平,余明桂. 政府干预、政治关联与地方国有企业并购[J]. 经济研究, 2008(4):41－52.

[115] 潘宏亮. 创新驱动引领产业转型升级的路径与对策[J]. 经济纵横,2015(7):40－43.

[116] 潘伟志. 产业转移内涵、机制探析[J]. 生产力研究,2004(10):119－120＋135.

[117] 彭森. 中国经济体制改革的国际比较与借鉴[M]. 北京:中国人民大学出版社,2008.

[118] 戚聿东,刘健. 第三次工业革命趋势下产业组织转型[J]. 财经问题研究,2014(1): 27－33.

[119] 秦雪征,尹志锋,周建波,等. 国家科技计划与中小型企业创新:基于匹配模型的分析 [J]. 管理世界,2012(4):70－81.

[120] 屈文洲,许年行,关家雄,等. 市场化、政府干预与股票流动性溢价的分配[J]. 经济研 究,2008(4):132－146.

[121] 任伯平,朱关鑫. 新产业革命与经济结构[J]. 经济问题,1984(6):32－34.

[122] 沈坤荣. 所有制结构变动趋势及相关政策选择[J]. 经济研究参考,1999(55):10－11.

[123] 师博,沈坤荣. 政府干预、经济集聚与能源效率[J]. 管理世界,2013(10):6－18.

[124] 施炳展,冼国明. 要素价格扭曲与中国工业企业出口行为[J]. 中国工业经济,2012 (2):47－56.

[125] 石庆芳. 要素价格扭曲、收入分配与消费需求[D]. 天津:南开大学,2014.

[126] 孙晓刚. 从动态比较优势理论看东亚模式[J]. 世界经济研究,2001(03):19－22.

[127] 孙早,王文. 产业所有制结构变化对产业绩效的影响——来自中国工业的经验证据 [J]. 管理世界,2011(08):66－78.

[128] 覃家琦,邵新建. 交叉上市、政府干预与资本配置效率[J]. 经济研究,2015(6):117－ 130.

[129] 谭大峻,陈平,虞富洋. 新产业革命与我国的基本战略对策[J]. 科学管理研究,1984 (1):14－19.

[130] 谭劲松,简宇寅,陈颖. 政府干预与不良贷款——以某国有商业银行 1988－2005 年的 数据为例[J]. 管理世界,2012(7):29－43.

[131] 谭晶荣,颜敏霞,邓强,等. 产业转型升级水平测度及劳动生产效率影响因素估测—— 以长三角地区 16 个城市为例[J]. 商业经济与管理,2012(05):72－81.

[132] 唐辉亮. 人力资本结构、技术资本配置结构与产业转型升级能力研究[J]. 统计与决 策,2014(2):106－108.

[133] 唐杰英. 要素价格扭曲对出口的影响——来自中国制造业的实证分析[J]. 世界经济 研究,2015(6):92－101.

[134] 唐雪松,周晓苏,马如静. 政府干预、GDP 增长与地方国企过度投资[J]. 金融研究, 2010(8):33－48.

[135] 陶小马,邢建武,黄鑫,等. 中国工业部门的能源价格扭曲与要素替代研究[J]. 数量经 济技术经济研究,2009(11):3－16.

[136] 田利辉,张伟. 政治关联影响我国上市公司长期绩效的三大效应[J]. 经济研究,2013 (11):71 - 86.

[137] 田原,孙慧. 低碳发展约束下资源型产业转型升级研究[J]. 经济纵横,2016(1): 45 - 48.

[138] 汪炜,李甫伟. 股市发展能够推动产业转型升级吗——来自中国 A 股上市公司的证据 [J]. 财贸经济,2010(9):37 - 43.

[139] 王昌林. 中国以改革创新推进科技革命和产业变革[N]. 中国社会科学报,2013 - 11 - 01(A07).

[140] 王凤荣,高飞. 政府干预、企业生命周期与并购绩效——基于我国地方国有上市公司 的经验数据[J]. 金融研究,2012(12):137 - 150.

[141] 王宏广,张俊祥,王革. 第三次工业革命及我国的应对策略[J]. 政策瞭望,2013(04): 49 - 51.

[142] 王静. 价格扭曲、技术进步偏向与就业——来自第三产业分行业的经验研究[J]. 产业 经济研究,2016(3):91 - 101.

[143] 王立国,鞠蕾. 地方政府干预、企业过度投资与产能过剩:26 个行业样本[J]. 改革, 2012(12):52 - 62.

[144] 王明益. 要素价格扭曲会阻碍出口产品质量升级吗——基于中国的经验证据[J]. 国 际贸易问题,2016(8):28 - 39.

[145] 王宁. 地方消费主义、城市舒适物与产业结构优化——从消费社会学视角看产业转型 升级[J]. 社会学研究,2014(4):24 - 48.

[146] 王宁,史晋川. 要素价格扭曲对中国投资消费结构的影响分析[J]. 财贸经济,2015 (4):121 - 133.

[147] 王宁,史晋川. 中国要素价格扭曲程度的测度[J]. 数量经济技术经济研究,2015(9): 149 - 161.

[148] 王芃,武英涛. 能源产业市场扭曲与全要素生产率[J]. 经济研究,2014(6):142 - 155.

[149] 王瑞荪. 中国的经济体制改革[M]. 北京:人民出版社,1982.

[150] 王伟军. 新产业革命与日本经济的七大转变[J]. 世界经济研究,1984(2):24 - 29.

[151] 王文甫,明娟,岳超云. 企业规模、地方政府干预与产能过剩[J]. 管理世界,2014(10) 17 - 36.

[152] 王晓姝,孙爽. 创新政府干预方式治愈产能过剩痼疾[J]. 宏观经济研究,2013(6): 35 - 40.

[153] 王兴久. 地方发展战略研究中新产业革命对策的构思[J]. 科学管理研究,2014(5): 61 - 65.

[154] 王一鸣. 经济转型与改革创新[J]. 人民论坛,2012(09):44 - 45.

[155] 王永进,盛丹. 政治关联与企业的契约实施环境[J]. 经济学(季刊),2012(4):1193 - 1218.

[156] 王元. 新兴经济体迅速崛起拉动产业变革[C]. 科学与现代化,2013:50 - 51.

[157] 王媛玉,赵儒煜. 新产业革命背景下现代产业体系建设的路径研究[J]. 改革与战略, 2020,36(12):58 - 67.

[158] 王媛. 政府干预与地价扭曲——基于全国微观地块数据的分析[J]. 中国经济问题,

2016(5):29 - 41.

[159] 王站,王振,阮青.新产业革命与上海的转型发展[M].上海:上海科学研究院出版社,2014.

[160] 王忠宏,李扬帆.3D打印产业的实际态势、困境摆脱与可能走向[J].改革,2013(8):29 - 36.

[161] 夏力.基于政治关联的中国民营企业技术创新研究[D].南京:南京大学,2013.

[162] 夏晓华,李进一.要素价格异质性扭曲与产业结构动态调整[J].南京大学学报(哲学人文科学社会科学版),2012(3):40 - 48.

[163] 向艳.转型期要素价格扭曲对我国经济增长与就业增长非一致性的影响[D].西南财经大学,2013.

[164] 向杨.政府干预下企业过度投资形成机理研究[D].成都:西南财经大学,2012.

[165] 项启源.新产业革命与经济发展战略——访日归来的思索[J].财经问题研究,1985(1):7 - 14.

[166] 肖浩,夏新平.政府干预、政治关联与权益资本成本[J].管理学报,2010(6):921 - 929.

[167] 肖利平.政府干预、产学联盟与企业技术创新[J].科学学与科学技术管理,2016(3):21 - 30.

[168] 肖文,樊文静.产业关联下的生产性服务业发展——基于需求规模和需求结构的研究[J].经济学家,2011(6):72 - 80.

[169] 谢呈阳,周海波,胡汉辉.产业转移中要素资源的空间错配与经济效率损失:基于江苏传统企业调查数据的研究[J].中国工业经济,2014(12):130 - 142.

[170] 谢攀,林致远.地方保护、要素价格扭曲与资源误置——来自A股上市公司的经验证据[J].财贸经济,2016(2):71 - 84.

[171] 徐建波,夏海勇.金融发展与经济增长:政府干预重要吗[J].经济问题,2014(7):41 - 47.

[172] 徐业坤,钱先航,李维安.政治不确定性、政治关联与民营企业投资——来自市委书记更替的证据[J].管理世界,2013(5):116 - 130.

[173] 杨合力.公司治理、政治关联与企业绩效[D].北京:清华大学,2013.

[174] 杨其静.企业成长:政治关联还是能力建设?[J].经济研究,2011(10):54 - 66.

[175] 杨雪锋.经济增长方式转型:范式困境与破解路径[J].学术月刊,2013,45(08).

[176] 杨战胜,俞峰.政治关联对企业创新影响的机理研究[J].南开经济研究,2014(6):32 - 43.

[177] 姚正海,杨保华,叶青.基于区域产业转型升级的创新人才培养问题研究[J].经济问题,2013(10):87 - 90.

[178] 于立,孟韬,李姝.资源枯竭型国有企业退出途径:产业转型问题研究[J].资源·产业,2004(05):11 - 15.

[179] 于蔚,汪淼军,金祥荣.政治关联和融资约束:信息效应与资源效应[J].经济研究,2012(9):125 - 139.

[180] 余东华.制度变迁中的所有制改革与产业组织演进[J].山东大学学报(哲学社会科学版),2006(01):110 - 114.

[181] 袁建国,后青松,程晨.企业政治资源的诅咒效应——基于政治关联与企业技术创新

的考察[J]. 管理世界,2015(1):139 - 155.

[182] 曾康霖. 政府干预经济及其在市场经济中角色的确立[J]. 经济学家,2007(1):67 - 73.

[183] 曾萍,邬绮虹. 政府支持与企业创新:研究述评与未来展望[J]. 研究与发展管理,2014
(2):98 - 109.

[184] 张娟锋,贾生华. 政府干预、土地供应与价格扭曲[J]. 当代财经,2007(7):21 - 24.

[185] 张莉,王贤彬,徐现祥. 财政激励、晋升激励与地方官员的土地出让行为[J]. 中国工业
经济,2011(4):35 - 43.

[186] 张敏,黄继承. 政治关联、多元化与企业风险——来自我国证券市场的经验证据[J].
管理世界,2009(7):156 - 164.

[187] 张明,谢家智. 政府干预、相对价格扭曲与中国转轨期的结构性价格上涨[J]. 经济科
学,2014(5):21 - 34.

[188] 张鹏飞. 发展中国家政府干预的制度结构[J]. 世界经济,2011(11):28 - 43.

[189] 张平,黄智文,高小平. 企业政治关联与创业企业创新能力的研究——高层管理团队
特征的影响[J]. 科学学与科学技术管理,2014(3):117 - 125.

[190] 张其仔. 比较优势的演化与中国产业升级路径的选择[J]. 中国工业经济,2008(9):
58 - 68.

[191] 张前程,龚刚. 政府干预、金融深化与行业投资配置效率[J]. 经济学家,2016(2):
60 - 68.

[192] 张曙光,程炼. 中国经济转轨过程中的要素价格扭曲与财富转移[J]. 世界经济,2010
(10):3 - 24.

[193] 张晓云,孙殿明,王正明,等. 我国产业转型升级的合理定位和财政政策框架[J]. 财政
研究,2009(10):45 - 48.

[194] 张银银,邓玲. 创新驱动传统产业向战略性新兴产业转型升级:机理与路径[J]. 经济
体制改革,2013(5):97 - 101.

[195] 张中华. 论产业结构、投资结构与需求结构[J]. 财贸经济,2000(1):13 - 17.

[196] 章卫东,成志策,周冬华,等. 上市公司过度投资、多元化经营与地方政府干预[J]. 经
济评论,2014(3):139 - 152.

[197] 赵福军,张迪. 坚持实施完善市场、完善政策双轮驱动破解我国产业转型升级中的艰
难困局[J]. 产业经济评论,2014(6):77 - 83.

[198] 赵立昌. 互联网经济与我国产业转型升级[J]. 当代经济管理,2015(12):54 - 59.

[199] 赵丽芬. 美国和日本产业转型升级的经验与启示[J]. 产业经济评论,2015(1):100 -
104.

[200] 赵岩,陈金龙. 政府干预、政治联系与企业过度投资效应[J]. 宏观经济研究,2014(5):
64 - 74.

[201] 赵勇,魏后凯. 政府干预、城市群空间功能分工与地区差距——兼论中国区域政策的
有效性[J]. 管理世界,2015(8):14 - 29.

[202] 赵云姣. 市场社会主义与社会主义市场经济之比较分析[J]. 改革与开放,2011(14):
124 - 126.

[203] 郑振雄,刘艳彬. 要素价格扭曲下的产业结构演进研究[J]. 中国经济问题,2013(3):
68 - 78.

[204] 中国社会科学院工业经济研究所课题组,吕铁.第三次工业革命与中国制造业的应对战略[J].学习与探索,2012(09):93 - 98.

[205] 周大鹏.制造业服务化对产业转型升级的影响[J].世界经济研究,2013(9):17 - 22.

[206] 周洪宇.第三次工业革命给人类社会带来什么[J].教育研究与实验,2013(02):1 - 5.

[207] 周黎安.经济学的制度范式与中国经验[J].清华社会科学,2019,1(02):277 - 303.

[208] 周业安,赵坚毅.市场化、经济结构变迁和政府经济结构政策转型——中国经验[J].管理世界,2004(05):9 - 17+155.

[209] 朱启贵.第三次工业革命浪潮下的转型选择——中国经济升级版的内涵、动力与路径[J].人民论坛·学术前沿,2013(13):32 - 41.

[210] 朱卫平,陈林.产业升级的内涵与模式研究——以广东产业升级为例[J].经济学家,2011(02):60 - 66.

[211] 朱晓媛,丁建勋.要素价格扭曲、资本深化与我国消费率[J].经济研究参考,2016(5):49 - 54.

[212] 邹东涛.经济起飞理论与中国的理性崛起[J].西部金融,2008(10):6 - 8.

[213] 左莉.产业转型中价值转化模型研究[D].大连:大连理工大学,2002.

[214] Aghion P, Howitt P, Brant-Collett M, et al. Endogenous growth theory [M]. Boston: MIT press, 1998.

[215] Almus M, Czarnitzki D. The effects of public R&D subsidies on firms' innovation activities [J]. Journal of Business & Economic Statistics, 2001,21(2):226 - 36.

[216] Audretsch D B, Lehmann E E, Wright M. Technology transfer in a global economy [J]. The Journal of Technology Transfer, 2014,39(3):301 - 312.

[217] Bank A D, Zhai F, Hertel T W. Labor market distortions, rural-urban inequality, and the opening of People's Republic of China's economy [J]. Asian Development Bank Manila, 2004,23(100):76 - 109.

[218] Berchicci L. Towards an open R&D system: Internal R&D investment, external knowledge acquisition and innovative performance [J]. Research Policy, 2012,2012:1 - 11.

[219] Busom I. An empirical evaluation of the effects of R&D subsidies [J]. Economics of Innovation & New Technology, 1999,9(2):111 - 148.

[220] Carman J M, Dominguez L V, Carman J M, et al. Organizational Transformations in Transition Economies: Hypotheses [J]. Journal of Macromarketing, 2001,21(21):164 - 180.

[221] Choi S B, Lee S H, Williams C. Ownership and firm innovation in a transition economy: Evidence from China [J]. Research Policy, 2011,40(3):441 - 452.

[222] Clegg S R, Rhodes C, Kornberger M, et al. Business coaching: challenges for an emerging industry [J]. Industrial and Commercial Training, 2005,37(5):218 - 223.

[223] Coe D T, Helpman E. International R&D spillovers [J]. European economic review, 1995,39(5):859 - 887.

[224] Cohen W M, Levinthal D A. Innovation and learning: the two faces of R&D [J]. Economic Journal, 1989,99(397):569 - 96.

[225] Cosset J C, Guedhami O, et al. The political economy of residual state ownership in

privatized firms: Evidence from emerging markets [J]. Ssrn Electronic Journal, 2011, 17(2):244 – 258.

[226] Cotti C, Skidmore M. The impact of state government subsidies and tax credits in an emerging industry: ethanol production 1980 – 2007[J]. Southern Economic Journal, 2010,76(4):1076 – 1093.

[227] D'Aspremont C, Jacquemin A, Gabszewicz J J. Market power and efficiency [J]. European Economic Review, 1982,19(1):1 – 2.

[228] Ding S, Jia C, Wilson C, et al. Political connections and agency conflicts: the roles of owner and manager political influence on executive compensation [J]. Review of Quantitative Finance and Accounting, 2015,45(2):1 – 28.

[229] Dollar D, Wei S J. Das (Wasted) kapital: firm ownership and investment efficiency in China [J]. Imf Working Papers, 2007,07(13103).

[230] Du M, Boateng A. State ownership, institutional effects and value creation in cross-border mergers & acquisitions by Chinese firms [J]. International Business Review, 2015,24(3):430 – 442.

[231] Feeser H R, Willard G E. Founding strategy and performance: a comparison of high and low growth high tech firms [J]. Strategic management journal, 1990,11(2):87 – 98.

[232] Feng Y. Political freedom, political instability, and policy uncertainty: a study of political institutions and private investment in developing countries [J]. International Studies Quarterly, 2001,45(2):271 – 294.

[233] Fischer E, Reuber A R. Support for rapid-growth firms: a comparison of the views of founders, government policymakers, and private sector resource providers [J]. Journal of small business management, 2003,41(4):346 – 365.

[234] Frydman R, Gray C, Hessel M, et al. When does privatization work? The impact of private ownership on corporate performance in the transition economies [J]. The Quarterly Journal of Economics, 1999,114(4):1153 – 1191.

[235] Fung K W T, Lau C K M. Financial development, economic growth and R&D cyclical Movement [J]. 2013.

[236] Grossman G M, Helpman E. Trade, knowledge spillovers, and growth [J]. European Economic Review, 1991,35(2):517 – 526.

[237] Gunasekarage A, Hess K, Hu A. The influence of the degree of state ownership and the ownership of listed Chinese companies [J]. Research in International Business & Finance, 2007,21(3):379 – 395.

[238] Ha J, Howitt P. Accounting for trends in productivity and R&D: a schumpeterian critique of semi-endogenous growth theory [J]. Journal of Money, Credit and Banking, 2007,39(4):733 – 774.

[239] Harfield T. Competition and cooperation in an emerging industry [J]. Strategic Change, 1999,8(4):227.

[240] Hess K, Gunasekarage A, Hovey M. State-dominant and non-state-dominant

ownership concentration and firm performance: Evidence from China [J]. International Journal of Managerial Finance, 2010,6(4):264 - 289.

[241] Heutel G. Crowding out and crowding in of private donations and government grants [J]. Public Finance Review, 2009,99(2):197 - 204.

[242] Howitt P. Steady endogenous growth with population and R&D inputs growing [J]. Journal of Political Economy, 1999,107(4):715 - 730.

[243] Huang C, Wu Y. State-led technological development: a case of China's nanotechnology development [J]. World Development, 2012,40(5):970 - 982.

[244] Jaffe A B. Technological opportunity and spillovers of R&D: evidence from firms' patents, profits and market value [R]. National Bureau of Economic Research, 1986.

[245] Jiang W, Li B. Institutional environment, state ownership and lending discrimination [J]. Journal of Financial Research, 2006,51(11):116 - 126.

[246] Jones C I. R & D-based models of economic growth [J]. Journal of political Economy, 1995:759 - 784.

[247] Jones C I. Time series tests of endogenous growth models [J]. The Quarterly Journal of Economics, 1995:495 - 525.

[248] Josef Z, Brunner J K. Innovation and growth with rich and poor consumers [J]. Metroeconomica, 2005,56(2):233 - 262.

[249] Keizer J A, Dijkstra L, Halman J I M. Explaining innovative efforts of SMEs.: an exploratory survey among SMEs in the mechanical and electrical engineering sector in The Netherlands [J]. Technovation, 2002,22(2):1 - 13.

[250] Khan M S. Government policy and private investment in developing countries [J]. IMF Economic Review, 1984,31(2):379 - 403.

[251] Kim C, Pantzalis C, Park J C. Political geography and stock returns: the value and risk implications of proximity to political power [J]. Journal of Financial Economics, 2012,106(1):196 - 228.

[252] Kleer R. Government R&D subsidies as a signal for private investors [J]. Research Policy, 2010,39(10):1361 - 1374.

[253] Lee E Y, Cin B C. The effect of risk-sharing government subsidy on corporate R&D investment: empirical evidence from Korea [J]. Technological Forecasting & Social Change, 2010,77(6):881 - 890.

[254] Levinsohn J, Petrin A. Estimating production function using inputs to control for observables [J]. Review of Economic Studies, 2000,70(2):317 - 341.

[255] Liu D Y, Shieh L F. The effects of government subsidy measures on corporate R&D expenditure: a case study of the leading product development programme [J]. International Journal of Product Development, 2005,4(3):265 - 281.

[256] Lucas R E. On the mechanics of economic development [J]. Journal of monetary economics, 1988,22(1):3 - 42.

[257] Lu Y, Yao J. Impact of state ownership and control mechanisms on the performance of group affiliated companies in China [J]. Asia Pacific Journal of Management, 2006,

23(4):485 - 503.

[258] Minniti M. The role of government policy on entrepreneurial activity: productive, unproductive, or destructive? [J]. Entrepreneurship Theory & Practice, 2008,32(5): 779 - 790.

[259] Mitra S, Webster S. Competition in remanufacturing and the effects of government subsidies [J]. International Journal of Production Economics, 2008, 111(2):287 - 298.

[260] Mun H J, Lee J S. A study on the effects of forms of R&D strategy on corporate financial performance [J]. 2010.

[261] Oliviero A. Carboni. R&D subsidies and private R&D expenditures: evidence from Italian manufacturing data [J]. International Review of Applied Economics, 2011, 25 (4):419 - 439.

[262] Olley G S, Pakes A. The dynamics of productivity in the telecommunications equipment industry [J]. Econometrica, 1996,64(6):1263 - 97.

[263] Pangarkar N, Lee H. Joint venture strategies and success: an empirical study of Singapore firms [J]. Journal of Asian Business, 2001,17(3):1 - 14.

[264] Peretto P F. Technological change and population growth [J]. Journal of Economic Growth, 1998,3(4):283 - 311.

[265] Romer P. Endogenous technological change [R]. National Bureau of Economic Research, 1989.

[266] Sarkar M B, Echambadi R, Agarwal R, et al. The effect of the innovative environment on exit of entrepreneurial firms [J]. Strategic Management Journal, 2006,27(6):519.

[267] Saunoris J W, Payne J E. An empirical note on R&D growth models with regional implications [J]. The Journal of Regional Analysis end Policy, 2011,41:16 - 21.

[268] Shen W, Lin C. Firm profitability, state ownership, and top management turnover at the listed firms in China: a behavioral perspective [J]. Corporate Governance An International Review, 2009,17(4):443 - 456.

[269] Suh W, Sohn J H D, Kwak J Y. Knowledge management as enabling R&D innovation in high tech industry: the case of SAIT [J]. Journal of Knowledge Management, 2004,8(6):5 - 15.

[270] Trajtenberg M. Economic analysis of product innovation: the case of CT scanners [M]. Boston: Harvard University Press, 1990.

[271] Wall H J. Creating a policy environment for entrepreneurs [J]. Ssrn Electronic Journal, 2006,26(2005 - 064):525 - 552.

[272] Wang Q, Wong T J, Xia L. State ownership, the institutional environment, and auditor choice: evidence from China [J]. Journal of Accounting & Economics, 2008, 46(1):112 - 134.

[273] Yang M. Ownership participation of cross-border mergers and acquisitions by emerging market firms: antecedents and performance [J]. Management Decision,

2015,53(1):221 - 246.

[274] Zachariadis M. R&D, innovation, and technological progress: a test of the Schumpeterian framework without scale effects [J]. Canadian Journal of Economics/ Revue canadienne d'économique, 2003,36(3):566 - 586.

[275] Zhang G, Peng X, Li J. Technological entrepreneurship and policy environment: a case of China [J]. Journal of Small Business and Enterprise Development, 2008, 15 (4):733 - 751.

索 引